Sophus Ruge

Norwegen

Sophus Ruge

Norwegen

ISBN/EAN: 9783742838902

Hergestellt in Europa, USA, Kanada, Australien, Japan

Cover: Foto ©Andreas Hilbeck / pixelio.de

Manufactured and distributed by brebook publishing software (www.brebook.com)

Sophus Ruge

Norwegen

Land und Leute

Monographien zur Erdkunde

Land und Leute

Monographien zur Erdkunde

In Verbindung mit hervorragenden Fachgelehrten

herausgegeben von

A. Scobel

III.

Norwegen

Bielefeld und Leipzig
Verlag von Velhagen & Klasing
1899

Norwegen

von

Prof. Dr. Sophus Ruge

Mit 115 Abbildungen nach photographischen Aufnahmen und einer farbigen Karte

Bielefeld und Leipzig
Verlag von Velhagen & Klasing
1899

Inhalt.

		Seite
I.	Einleitung	3
II.	Lage und Bodengestalt	6
III.	Fjorde, Strandebenen, Inseln	10
IV.	Klima, Pflanzen- und Tierwelt	17
V.	Bevölkerung	30
VI.	Das Reisen in Norwegen	44
VII.	Kristiania und Umgebung	46
VIII.	Die südlichen Thäler	53
IX.	Norwegen westlich vom Gebirge	65
X.	Norwegen nördlich vom Gebirge	94
XI.	Das Nordland	106
XII.	Tromsö und Finmarken	126

Politische Einteilung Norwegens und Bevölkerung	139
Erklärung norwegischer Ausdrücke	139
Litteratur über Norwegen	140

Norwegen.

I.

In die Zahl der Länder, die mit Vorliebe von den Freunden einer großartigen Natur aufgesucht werden, ist Norwegen zuletzt eingereiht. Es hat diesem Lande zwar schon seit einer Reihe von Jahrzehnten nicht an stillen Verehrern gefehlt; indes zu allgemeinem Ansehen hat Norwegen es erst in den letzten Decennien gebracht.

Heutzutage lautet das Urteil eines Kenners dahin, daß die Alpen, Italien und Norwegen landschaftlich die schönsten und interessantesten Gebiete von Europa seien. Und ein anderer Freund und Bewunderer der eigenartigen Schönheiten des Landes ruft begeistert aus: „Was wollen alle Alpenseen gegen die Schönheit und Frische dieser Fjorde mit ihren unzähligen Seevögeln, ihren Fischzügen und dem erhabenen Ausblick auf den Atlantischen Ocean! Hier ist alles groß wie eine Odyssee!"

In Italien tritt uns nicht bloß eine wechselvolle, groß angelegte Natur entgegen, sondern es wirken auch die schönen und mächtigen Werke der Menschen mit, die Empfindungen, die der Anblick der Landschaften in uns hervorruft, zu verstärken und zu vertiefen. In den Alpen üben die klimatischen Gegensätze auf der Nord- und Südseite einen so mächtigen Einfluß auf die Landschaftsbilder, daß nirgends in Europa die Pflanzenformen von Süd- und Mitteleuropa so nahe aneinander rücken als hier. Dazu kommt der große Gegensatz der Scenerien des unwirtlichen Hochgebirges und der üppigen, dicht bewohnten Thallandschaften.

Anders in Norwegen. In dem dünn bevölkerten Lande tritt zunächst alle Arbeit des Menschen zurück und verschwindet vollständig in der großen Natur. Auch fehlt der Reiz, den die Alpen in ihren verschiedenen Gruppen durch den Wechsel der Gesteine hervorrufen. In Norwegen herrscht nur eine geologische Formation durch die ganze Weite des Landes und tritt uns überall eine gleichartige, große Natur entgegen, die sich aus den Elementen Fels und Meer zusammensetzt. Krystallinische Gesteine (Gneis, Granit und verwandte Gesteinsarten) bestimmen die Physiognomie der Landschaft und erfüllen nicht bloß den Boden von Norwegen vollständig, sondern bilden auch den Untergrund in ganz Schweden mit alleiniger Ausnahme der südlichsten Provinz Schonen, die der Kreidezeit angehört.

Der Gegensatz flachwelliger, mit Kornfeldern, Wiesen und Wald bedeckter deutscher Landstriche gegen eine norwegische Landschaft selbst da, wo von den Gebirgen noch nichts zu sehen ist, ist sehr auffällig. Schon im Anfange des XIX. Jahrhunderts, als der berühmte Geologe Leopold von Buch Norwegen bereiste, gab er seinen darauf bezüglichen Wahrnehmungen in lebendiger Weise Ausdruck. Er war von Teutschland über Dänemark (Kopenhagen) nach Schweden gekommen und reiste nun an der Küste des

Kattegats nordwärts. Bei Bästad, an der Nordgrenze Schonens, nicht weit vom Nordausgange des Sundes, wurden die ersten anstehenden Gneishügel sichtbar. Nicht weit nördlich davon beim Städtchen Laholm, schreibt er, sah ich das Wasser des Flusses über die Felsen stürzen. Die Neuheit des Anblickes gibt ihm immer einen ungewöhnlichen Reiz. Welchem Schweden konnte wohl je dieser kleine Wasserfall aufgefallen sein? Aber auf dem Wege von Dänemark her ist es das erste Mal seit hundert Meilen, daß man Wasser über Felsen stürzen sieht.

Es ist eine sonderbare Gegend: melancholisch und traurig. Kleine Gneisfelsen steigen von allen Seiten am Wege herauf, vielleicht nicht über 20 Fuß hoch, und von ungeheuren Blöcken, wie eingefallene Türme, umgeben.

Weiter nördlich, jenseits der großen Handelsstadt Gothenburg wendet sich die Straße mehr von der Küste ab, die von nun an stärker gegliedert ist, und berührt die berühmten Trollhättafälle, in denen auf einer Strecke von $1^1/_2$ km die Götaelf 33 m herabstürzt. Man staunt über die gewaltige Wassermasse, die durch Felsinseln mehrfach geteilt wird, aber wird mit Befremden wahrnehmen, daß man sich keineswegs in einem Gebirge befindet, und daß diese wild schäumenden Wasserstürze nur in den oberen Fällen so hoch über dem Meeresspiegel liegen als etwa Berlin, also eigentlich in einer Tiefebene, und daß man demnach sich ebensolches Schauspiel an der Spree denken dürfte. Die höchste Erhebung über dem Strom, der Kupferberg ‹Kopperklinten› liegt nur 58 m ü. M. Die ganze Umgebung trägt also keineswegs Gebirgscharakter; aber der felsige Untergrund tritt immer kräftiger zu Tage, je weiter man nach Norden vordringt. Da wurden noch manche Flüsse überschritten, die alle nach Süden laufen, und geht die Fahrt an manchem zwischen flachen Höhen eingebetteten See vorbei, bis man die erste norwegische Stadt Fredrikshald erreicht; aber auch hier befindet man sich noch im flachen Lande, denn erst der Gipfel des Hügels, auf dem die Festung Fredriksten liegt, mißt 113 m ü. M.

Wenn man nun bedenkt, daß die Eisenbahn von Laholm, wo wir zuerst den Gneisboden betraten, bis zu dieser norwegischen Grenzfestung eine Länge von 400 km hat, so kann man sich danach bereits einen Begriff machen von der gewaltigen Ausdehnung der krystallinischen Gesteine, welche die größte europäische Halbinsel, Skandinavien, vollständig erfüllen. Bei Fredrikshald erfreut uns auch zum erstenmale der Anblick eines Fjordes, jener eigenartigen Gattung von schmalen Meerbusen, die für ganz Norwegen typisch ist. Wenn wir dann auf unserem Wege nach der Hauptstadt Kristiania den größten norwegischen Fluß Glommen berühren, haben wir wieder, kaum 15 km von der Seeküste entfernt, den Anblick eines mächtigen Wasserfalles, des Sarpsfos (Jos= Wasserfall), der an Großartigkeit nicht hinter den Trollhättafällen zurücksteht. Fast könnte man sagen, daß sich hier schon die Flüsse von der unter dem ganzen Lande lagernden Felsplatte ins Meer stürzen.

Und wiederum haben wir von hier noch einmal 100 km zurückzulegen, ehe wir die Hauptstadt des Landes Kristiania erreichen. Es sind das ganz andere Entfernungen, als womit wir in Deutschland zu rechnen gewohnt sind. Zieht man nämlich, um Norwegen zu besuchen, die Landreise vor und betritt von Rügen herkommend in Trelleborg den Boden Schwedens, so hat man von hier nach Kristiania zunächst eine Eisenbahnfahrt vor sich, wie von Berlin nach Köln oder nach Königsberg und befindet sich dann erst am Anfangspunkte seiner nordischen Fahrten. Hätte man aber gar die Absicht, seinen Ausflug bis ans Nordkap auszudehnen, so möge man sich zuvor vergegenwärtigen, daß die gerade Entfernung von der norwegischen Hauptstadt bis zum Nordende Europas in der Luftlinie gerade so weit ist, wie von Berlin nach Neapel, und daß diese Strecke nur zum geringen Teil zu Lande, auf Eisenbahnen zurückgelegt werden kann.

Man kann aber Norwegen auch auf einer bequemeren, wenn auch längeren Seereise von Deutschland her, etwa von Lübeck oder Stettin aus erreichen. Wir lernen dabei, sobald wir uns dem Nordende des Skagerrak nähern und die mit zahlreichen Inseln besetzten Gestade von Norwegen und Schweden einander näher rücken, einen reich gegliederten, aber nur

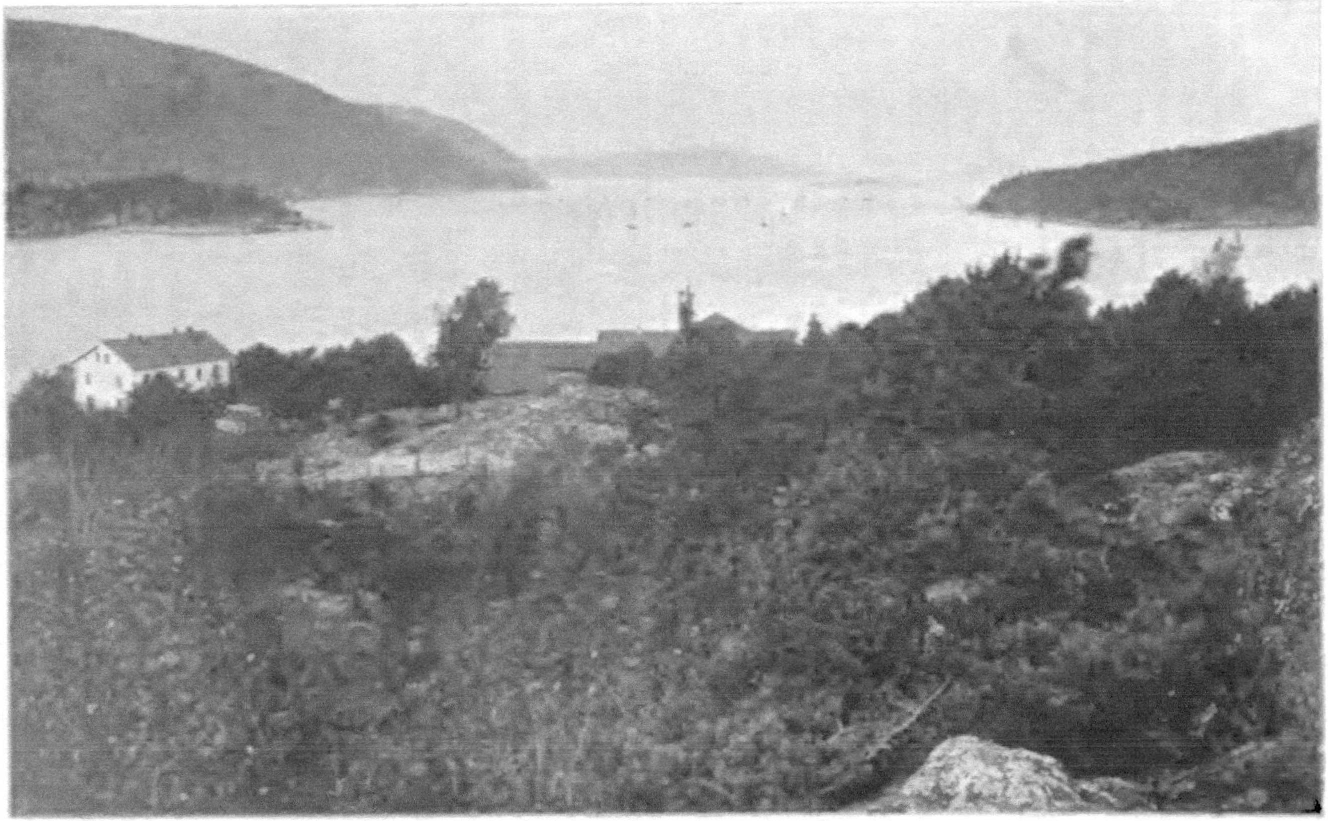

Abb. 2. Drøbak mit Kristianiafjord.

von niedrigen, meist bewaldeten Höhenzügen eingeschlossenen Meerbusen, den Kristianiafjord (Abb. 2) kennen, der sich etwa 100 km in nördlicher Richtung ins Land erstreckt und auch im nördlichen Teile nur von etwa 400 m hohen Bergen umrahmt ist, so daß man also auch von der Seeseite her keineswegs den Eindruck eines hochgebirgigen Landes empfängt. Ebene Landstriche wie in Norddeutschland findet man allerdings nirgend, und da alle die großen und kleinen Inselchen felsig sind, hier und da wohl auch mit Wald oder Gebüsch bekleidet sind und auch das Festland vorwiegend Wald trägt, dagegen weniger und seltener Ackerfluren zeigt, so weicht doch der Charakter der Landschaft sehr von dem weichen Hügellande in Mitteldeutschland ab.

Und wenn uns nun ein Blick auf die Landkarte belehrt, daß zahlreiche, wasserreiche Ströme und Bäche, die ihren Lauf nach der Umgebung des Kristianiafjordes und in diesen selbst richten, alle aus nördlicher Richtung herabkommen und daß mehrere von diesen Strömen Hunderte von Kilometern lang sind, dann ergibt sich wohl von selbst der Schluß, daß das durch seine erhabene Gebirgsnatur so viel gerühmte nordische Alpenland noch viel weiter im Norden zu suchen ist, und daß die Deutschland zugewendeten Teile die niedrigsten sind, in denen landschaftliche schöne oder großartige Scenerien nur spärlich eingestreut sind.

Ehe wir uns aber von der Hauptstadt aufmachen, um die einzelnen Teile, noch deutlicher sollte man gleich sagen, die einzelnen Thäler des Landes zu durchwandern, wollen wir die Natur Norwegens in ihren Hauptzügen kennen lernen.

II.

Zwei Staaten, Schweden und Norwegen (d. h. der Nordweg) nehmen die größte europäische Halbinsel ein, die schon seit alter Zeit den Namen Skandinavia führt. Die Römer kannten zwar nur den südlichen, vorwiegend schwedischen Teil, wußten also nicht, wie weit sich das Land nach Norden erstreckte, und hielten es daher für eine Insel, was die Endung —avia bedeutet. Jedenfalls haben sie den Namen von den Deutschen gehört und nicht ganz getreu wiedergegeben. Die richtige Form lautete vielmehr Skatinavia oder Skadinavia und es wäre demnach von Skadinavien und von der Skadinavischen Halbinsel zu sprechen. Aber die falsche Namensform hat sich so fest eingebürgert, daß sie schwerlich wieder ausgemerzt werden kann. Was aber das Wort selbst bedeutet, scheint erst in der neuesten Zeit ermittelt worden zu sein. Danach ist Skatan oder Skade eine urgermanische Bezeichnung für den Hering, und Skatinavia würde nichts anderes bedeuten als die Heringsinsel. Daß die Heringszüge sich in früheren Jahrhunderten viel stärker in die Ostsee hineingedrängt haben, als heute, ist bekannt; und wenn dafür in der Gegenwart der Heringsfang an der Küste Norwegens das Leben der Küstenbewohner wesentlich bedingt, so haben wir also in dem Namen Skadinavien ein für alle Zeiten gültiges charakteristisches Merkmal für unser nordisches Land.

Die ganze Halbinsel, soweit sie den beiden genannten Reichen angehört, umfaßt 772878 qkm; davon entfallen auf Norwegen 322304 qkm, d. h. es ist fast so groß als das Königreich Preußen. Aber während Preußen 1895 beinahe 32 Millionen Einwohner zählte, lebten 1891 in Norwegen noch nicht voll zwei Millionen Einwohner.

Diese verhältnismäßig geringe Bevölkerung erklärt sich vor allem aus der Hochgebirgsnatur des Landes, die eine ständige Bevölkerung nur an der See und in den meist schmalen Thälern zuläßt, dann aber auch durch die hohe nördliche Lage. Denn Norwegen ist das nördlichste Land Europas und in Norwegen liegt der nördlichste Punkt unseres Erdteiles.

Als solcher wird gewöhnlich das Nordkap (71° 10'3 n. Br.) auf der Insel Magerö angegeben, allein westlich vom Nordkap springt eine flache Spitze, Knivskjärobben noch etwas weiter (71° 11' n. Br.) vor, ist aber als Landmarke lange nicht so in die Augen fallend, als der trotzige Felsen des Nordkaps und wird daher nicht beachtet. Als südlichsten Punkt gibt man gewöhnlich Lindesnäs, nahe an 58° n. Br., an, so daß danach das Land sich durch 13 Breitengrade erstreckt. In seiner nordsüdlichen Ausdehnung wird es nur von zwei europäischen Staaten, Rußland und Schweden, übertroffen.

Norwegen und Schweden, unter einem Könige durch Personalunion miteinander verbunden, liegen nebeneinander auf einer Halbinsel in ähnlicher Weise, wie die in politischer Beziehung vereinigten Reiche England und Schottland auf einer Insel. Aber während diese nordsüdlich zu einander liegen, erstrecken sich Norwegen und Schweden ostwestlich nebeneinander. Dadurch erhält Staaten als Rücken an Rücken gelehnt: Schweden blickt nach Osten, Norwegen nach Westen; und die politische Vereinigung beider Länder ist nur locker, vollends da auch die Sprachen verschieden sind, und die Verbindung ist lange nicht so fest wie in Großbritannien, wo nur eine Sprache vorherrscht.

Schweden hat aber vor Norwegen eine günstigere Bodengestalt voraus, soweit es sich um die Besiedelung durch die Menschen

Abb. 3. Weg über das Haukelidfjeld Telemarken.

Norwegen eine ganz oceanische Küste, Schweden dagegen seine Gestade vorwiegend an Binnenmeeren, an der Ostsee. Das Meer ist also beiden Staaten nicht in gleichem Sinne zugewiesen, wie in England und Schottland.

Für die nördliche Hälfte Skandinaviens ist die Wasserscheide zwischen Ocean und Ostsee zugleich die Staatsgrenze. Hier erscheint Norwegen nur als schmaler Küstenstreifen. Wo es aber in der südlichen Hälfte eine größere Breite gewinnt, als Schweden, greift Norwegen mit seiner Landesgrenze über die Wasserscheide hinaus. Aber im allgemeinen erscheinen doch beiden handelt; denn es besteht vorwiegend aus Flachland, wenn es auch derselben Urscholle wie Norwegen angehört. Norwegen dagegen wird fast ganz von einem rauhen, unwirtlichen Hochlande (Abb. 3) erfüllt. Man hat die ganze Halbinsel im Profil von Südost nach Nordwest wohl mit einer von der schwedischen Seite her langsam ansteigenden Meereswoge verglichen, die sich nordwestwärts zu einem mächtigen Kamme erhob, und in dem Augenblick zu Stein wurde, als sie schäumend niederbrechen wollte. Die norwegische Küste stellt den Steilabsturz dieser gewaltigen Woge dar.

Die krystallinischen Gesteine, aus denen

Abb. 4. Stalheimhôtel und Blick ins Nårødal.

das Land fast ausschließlich aufgebaut ist, Gneis, Granit, Glimmerschiefer, Syenit, Porphyr 2c. haben während mehrfacher lang dauernder Eiszeiten so wesentlich von ihrer Mächtigkeit eingebüßt, daß norwegische Gelehrte die Vermutung ausgesprochen haben, es könne eine mehr als 5000 m dicke Gesteinsschicht abgetragen und durch die Gletscher nach Mitteleuropa, Rußland und Deutschland verfrachtet sein, so daß die jetzigen Hochlandsmassen (die Fjelde) nur noch einen Rest der alten Scholle vorstellen, deren zertrümmerte Massen als Sande, Lehme, Geschiebe und Blöcke unter anderen das ganze norddeutsche Flachland an manchen Stellen bis 100 m bedecken.

Das norwegische Gebirgsland hat also seine gegenwärtige Gestalt in und nach der Eiszeit erhalten und die Gletscherwirkungen müssen der Oberfläche vielfach ihr gegenwärtiges Gepräge verliehen haben.

Das ganze Innere bildet ein flachwelliges Hochland mit flachen Thälern und lang hingezogenen Bergrücken. Das Küstenland dagegen ist tief durchfurcht und zerklüftet, dergestalt, daß die Sohlen der Thäler vielfach unter dem Meeresspiegel liegen und zu engen Meeresarmen werden.

Das Innere ist das Gebiet der Fjelde, das Küstenland das der Fjorde. Die Fjordthäler sind mehr Thalspalten und Thalrisse als offene Thäler, wie man sie in den Alpen findet.

Die größten Gegensätze in dem Landschaftscharakter finden sich an der ganzen Westküste, wo die Fjelde in steilen Felswänden zu den Fjorden abstürzen. Hier tritt die Alpennatur Norwegens am kräftigsten auf; aber man kann die Wunder dieser Gebirgswelt schon auf einer Seereise genießen.

Auch in den Formen der Gipfel weichen die norwegischen Berge meistens von den Hochalpen ab. Statt der Piks und Hörner erscheinen hier die Höhen abgerundet, abgeschliffen; aber klotzig und trotzig, nicht schlank in die Höhe steigend. Nur an wenigen Stellen, wie in Romsdalen oder im Lofotgebiet können die kühnen Felstürme und Zinnen mit den Alpen verglichen werden, und hier sind die Formen durch das Gestein (Schiefer, Gabbro) bedingt.

Die Thäler (Abb. 4), die vom inneren Hochlande nach den Fjorden hinunterziehen, fallen in mächtigen Stufen, aber nicht allmählich ab, und die wasserreichen Flüsse und Bäche stürzen in schäumenden Kaskaden von diesen Thalstufen herab, während die neuerdings mehrfach angelegten Kunststraßen oft in kühnen Windungen diese Schwierigkeiten des raschen Absturzes überwinden müssen.

Abgesehen von den Stationen an den Poststraßen, die über die Fjelde hinziehen und bis über 1000 m ansteigen, gibt es im ganzen Lande keine dauernde menschliche Wohnung, die höher läge als 650 m, und über 1000 m hoch weidet kein Vieh mehr.

Die ausgedehnten Hochlande sind daher menschenleer und oft von einer trostlosen Öde. Der Baumwuchs ist auf die Thäler beschränkt. Düsteres Heidekraut, Moose, Flechten und schwarze Moorgründe bedecken den Boden, bis die zusammenhängende Pflanzendecke bei einer Höhe von 1500 m auch verschwindet. Noch höher breiten sich dann die weiten Firnfelder und Gletscher aus. Aber zwischen der oberen Pflanzen- und unteren Schneegrenze ist der Felsboden am meisten der Verwitterung, Zersetzung, Zerstörung ausgesetzt. Daher findet hier die stärkste Abtragung (Tenudation) des Gebirges statt und entstehen hier die auffälligsten Stufen. Von hier entwickeln sich die Flüsse gewöhnlich aus einsamen, düsteren Hochseen und bahnen sich sprungweise, mit starkem Gefälle den Weg zu den Fjorden. Oft nehmen aber die Flüsse die ganze Thalsohle ein. Schon in Bergenstift kommen so enge Thäler vor, daß die Sonne monatelang nicht bis in die Tiefe scheint. In Lärdalsøren am oberen Sognefjord (61° 7 n. Br.) vermißt man die Sonne im Winter 27 Wochen lang. —

Man kann das ganze Gebirgsland in drei Gruppen teilen, die von Norden nach Süden in dieser Weise aufeinander folgen.

1. Das finmärkische Gebirge vom Warangerfjord bis zum Westfjord. Die höchsten Erhebungen finden sich im Küstengebirge und auf den Inseln, namentlich in der Lofotgruppe, wo sich Gipfel von 1300 m erheben: ein Alpenland, dessen schroffe Felstürme man mit einem Haifischrachen verglichen hat. Die Küste ist stark gegliedert, aber die einschneidenden Fjorde sind im Norden und Süden breiter und gegen das Meer offener als in dem südlicheren Gebirge. Es sind der Waranger-, Tana-, Laxe- und Porsangerfjord im Norden, der Westfjord im Süden.

Abb. 5. Jotunheim.

2. Das norländische Gebirge vom Westfjord bis zum Trondheimerfjord, den schmalen Küstenstreifen Norwegens einnehmend, weniger als die anderen Teile durch tief einschneidende Meeresarme gegliedert, im Sulitjelma 1883 m hoch. Der ganze Gebirgszug, auf dem nur im Norden die Wasserscheide zugleich die Grenze gegen Schweden bildet, wurde früher vielfach Kjölen, das heißt der Kiel, genannt.

3. Das südliche Gebirge, das eigentliche Land der Fjelde, die breite Masse des Landes, in rhombischer Gestalt zwischen dem Trondheimerfjord und dem Skagerrak gelegen. Hier breiten sich im nördlichen Teile die höchsten Fjelde, Dovrefjeld und Ymesfjeld aus, in dem sich der Galdhöpig (spr. Gallöpig) als höchster Berg Skandinaviens bis 2560 m erhebt. Dieser Berg bildet den Mittelpunkt eines wilden Alpenlandes, das erst in der neuen Zeit mehr bekannt geworden ist (während man früher den Sneehättan im Dovrefjeld, 2306 m, für den höchsten Berg erklärte) und von nordischen Touristen den jetzt allgemein angenommenen Namen Jötunheim (Abb. 5), das heißt das Reich der Reif- und Nebelriesen, erhielt. In diese Hochlandsmassen schneiden die landschaftlich schönsten Fjorde ein: Molde-, Stor-, Nord-, Sogne- und Hardangerfjord. Von diesen Hochländern verlaufen in der allgemeinen Richtung nach Süd und Südost die längsten und wichtigsten Thäler Norwegens, die alle in der Richtung nach dem Kristianiafjord zulaufen: Gudbrandsdal, Valders, Hallingdal und Numedal; während nur ein bedeutendes Thal, Säterdal, durch die Tracht seiner Bewohner berühmt, durch das minder hohe, südliche Bergland zu dem südlichsten Teile der stumpfen Halbinsel gerichtet ist und bei Kristiansand die See erreicht.

III.

Der Steilabfall der Hochlande nach dem Ocean zu ist furchtbar zerklüftet, wie wir es an keiner anderen Küste wiederfinden. Und auch der felsige Festlandssaum ist noch umlagert von zahllosen hohen und niedrigen Felseninseln, wie sie in der Art an keiner europäischen Küste wiederkehren. Hier liegen die besonders augenfälligen Landschaftsformen Norwegens, die dem Beschauer immer neuen Reiz gewähren. Beide, Fjorde und Inseln, verdienen eine eingehende Betrachtung.

Gußfeldt charakterisiert die Fjorde (Abb. 6) mit den Worten: „Fjord ist ein Mittelding zwischen Fluß, Alpensee und Meeresbucht. Vom Fluß haben sie die Längenausdehnung, gewundenen Lauf und Nebenarme." Wir wollen hier einschalten, daß z. B. der Sognefjord so lang wie die Ems oder wie die Themse ist. „Vom Alpensee haben die Fjorde den Landschaftscharakter, Blicke auf Schnee und Gletscher, von der Meeresbucht das Salzwasser, die Ebbe und Flut." An der See erheben sich meistens nur nackte, kahle Felsen, an denen das Meer brandet; im Inneren der Fjorde wird die Luft immer milder, frischgrüne Wiesen und Wald schmücken die sanfteren Gehänge.

Aber wenn man vom Fjelde her sich einem Fjorde nähert, sieht man wohl den blauen Wasserspiegel in der Tiefe wie einen Alpensee; allein einen Ausblick aufs offene Meer gewinnt man nicht, denn es liegt zu fern, und die Ausgänge der Fjorde sind von unzähligen Inseln besetzt.

Die Frage nach der Entstehung der Fjorde ist vielfach erörtert. Ein Vergleich mit ähnlich zersprengten Küsten hat gezeigt, daß die Fjorde fast nur an Längsküsten vorkommen, das heißt an solchen Küsten, an denen Gebirge entlang ziehen, im Gegensatz zu solchen Küsten, an denen Gebirgsketten in Vorgebirgen auslaufen und Thäler oder Ebenen zwischen sich frei lassen. Solche Längsküsten finden sich zwar in allen Erdteilen und in allen Zonen, aber Fjordbildungen gibt es nur an der Westküste Grönlands, an den nördlichsten und an den südlichsten Strichen der Westseite Amerikas und an der Westseite der südlichen Insel von Neuseeland. Man könnte auch noch die Westseite Großbritanniens dazu rechnen. Man findet demnach die Fjorde nur in dem kühleren Teil der gemäßigten Zone, nie in dem heißen Erdgürtel und ferner stets auf der Westseite. Die Westseite ist aber in allen genannten Gegenden die Regenseite. Man weiß aber auch, daß die Fjordküsten ehemals vergletschert waren. Auch sind diese schmalen Meeresarme stets in sehr hartes Gestein eingeschnitten. Also werden die fließenden

Gewässer und die Gletscher an der Aushöhlung der steilwandigen Thäler mitgearbeitet haben. Aber da man nur die inneren Teile großer Fjorde als reine Erosionsthäler ansehen kann, so müssen auch noch andere Ursachen für die Entstehung dieser merkwürdigen Thalbildungen gesucht werden. Die größeren Thäler sind schon im Aufbau des Gebirges, also tektonisch, vorgezeichnet oder durch einen Wechsel der Gesteine oder durch Risse und Spaltungen bedingt. Hier sammelten sich die Wasseradern zu Flüssen und schufen die Flußthäler schon vor der Eiszeit oder zwischen den Eiszeiten. Aber in den Eiszeiten wurden durch die stärkere Gewalt der Eisströme die Thäler noch bedeutend vertieft und erhielten im Querschnitt ein Profil, das dem U gleicht, während das Profil der Alpenthäler dem V ähnelt (nach Richter). So sind die Fjorde, bei denen auch noch eine Senkung der ganzen Gesteinsmasse angenommen werden muß, um den unteren Teil der Thäler unter das Meeresniveau zu versenken, aus dem Zusammenwirken verschiedener Kräfte entstanden und treten überall in großer Zahl, gewissermaßen gesellig auf.

Ein anderes Merkmal von den Wirkungen des Eises und der brandenden See sind die Strandlinien, die an den Steilküsten der Fjorde und der offenen See sich bis über 100 m in das Gestein eingegraben finden. So fand der bekannte norwegische Meteorologe Mohn am Varangerfjord sieben Terrassen oder Strandlinien übereinander bis zu 91 m über Meer, bei Tromsö ebensoviel bis 94 m Höhe, bei Drontheim viel mehr als sieben bis zu einer Höhe von 176 m und bei Bergen sechs Linien bis 87 m hoch. Über die Entstehung dieser Linien, die offenbar eingegraben sind, als der Wasserspiegel vor Zeiten einmal längere Zeit in den angegebenen Höhen stand, haben sich die Meinungen in dem letzten Jahrzehnt geändert. Früher lehrte man, eine auf ein Küstenland aufgesetzte mächtige Eiskappe übe eine gewaltige Wirkung, indem sie das Wasser herausziehe. Auf das Ab-

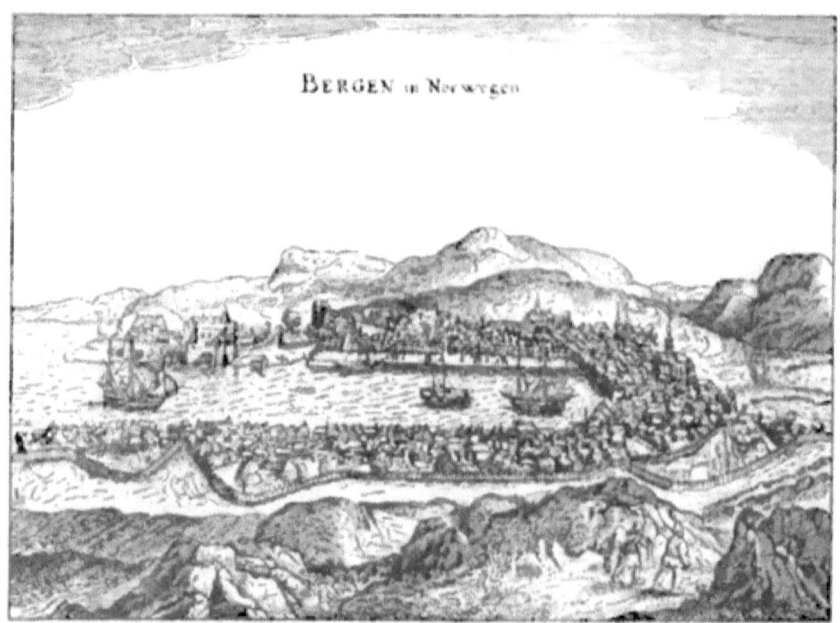

Abb. 7. Bergen (nach dem Stich von Gertius, etwa 1620).

Abb. 3. Bergen.

schmelzen der Eiskappe müsse dann ein Zurückweichen des Meeres folgen und so seien dann in den entsprechenden Höhen des verschiedenen Meeresniveaus die Strandlinien entstanden. Allein dem ist entgegengehalten, daß diese Linien ganz unregelmäßig verlaufen, wie sie bei gleichmäßiger Anziehung des Wasserspiegels nicht entstehen können, und daß die Mächtigkeit der Eiskappe zu mindestens 10000 m angenommen werden müsse, um eine Hebung des Seespiegels um 200 m zu erzielen. Eine solche Annahme sei aber unter allen Umständen unstatthaft. Es bliebe nur übrig, statt der Schwankungen des Meeresniveaus Schwankungen oder Bewegungen der festen Erdrinde anzunehmen. Später hat sich aus genaueren Untersuchungen ergeben, daß die Strandlinien nach dem Inneren der Fjorde zu höher werden, und daß die Linien in nahe bei einander liegenden Fjorden in ganz verschiedener Höhe sich zeigen. Danach finden diese Linien wohl am einfachsten ihre Erklärung, wenn man sie für Wirkungen von Eisseen erklärt, die gegen das Ende einer Eiszeit ihren Wasserspiegel je nach dem weiteren Rückgange des Eises stufenweise senkten. Dadurch verlieren allerdings diese Linien ihre ihnen sonst zugesprochene Bedeutung für allgemeine physikalische Fragen und behalten nur lokales Interesse.

An ihre Stelle ist in der neuesten Zeit die Bedeutung der früher noch nicht gewürdigten Strandebenen getreten. Dieselben bestehen aus festem Felsgrunde und sind durch die Brandung des Meeres geschaffen. Diese Strandebenen, wenig über dem Meeresspiegel gelegen, wo der Boden nicht gehoben ist, sind über die ganze Küstenregion bis nach Tromsö verbreitet und haben volkswirtschaftlich darin ihre hohe Bedeutung, daß ein großer Teil der Bevölkerung auf ihnen lebt. Fast alle Häfen der Westküste, wie Stavanger, Bergen (Abb. 7 u. 8), Aalesund und Kristiansund liegen auf solchen Strandebenen, nur Molde und Drontheim nicht, von denen jenes auf einer nach Süden abfallenden Berglehne, dieses auf Schwemmland steht. Nördlich vom Drontheimsfjord und im Lofotgebiet liegen alle Küstenplätze so; Lofot wäre ohne solche Strandebenen gar nicht bewohnbar. Aber auch der dichte Schwarm der Schären, in dessen Schutze der ganze Verkehr stattfindet, ist daraus geschaffen.

Größere, einige hundert Quadratkilometer umfassende Küstenebenen gibt es nur in Jäderen (d. h. Küstenebene) südlich von Stavanger und in Erland (d. h. Inselland) an der Nordseite des Drontheimerfjords. Flachere Ufer oder sanft ansteigendes Gelände findet man fast nur in der Umgebung des Kristianiafjords. Dagegen fällt von Lindesnäs an die nach Norden verlaufende Küste bereits bergig ins Meer, wird im Stifte Bergen schroff und steigt bereits über 1000 m empor. Wasserfälle stürzen sich frei durch die Luft von oben in den Fjord, so daß man unbenetzt unter dem Falle mit dem Boote durchfahren kann. „Ich bin selbst," sagte Bibe, „in einem Boote zwischen einem solchen Wasserfall und der überhängenden Klippe hingerudert, ohne vom herabstürzenden Wasser benetzt zu werden."

So läuft die Küste nordwärts bis zum Vorgebirge Stab auf der Halbinsel Stadland, die sich wie ein gewaltiger Unterarm mit Hand ins Meer erstreckt und aus dem die Küste begleitenden Inselschwarm frei in den Ocean vortritt, so daß hier die Küstendampfer oft von der Gewalt der Wogen erfaßt werden. Von hier wendet sich die Küste mehr nach Nordosten und bietet an den Fjorden, so namentlich am Jörundfjord, in den jäh abstürzenden Gebirgsmassen oft die phantastischsten Felsformen. Am wildesten erscheinen die Felszinnen und Türme in Romsdal. Jenseits Drontheim werden dann die Höhen wieder niedriger bis etwa zum 65. Grad n. Br. Von da an nehmen die Felsgestade an Wildheit wieder zu und erreichen das höchste Maß im Gebiet von Lofot. Den norländischen Küsten sind die zahlreichen Berghöhlen eigentümlich, sowohl auf dem festen Lande, als auf den Inseln. Von den merkwürdigen Gestalten der Inseln wird noch weiterhin die Rede sein. In Finmarken herrschen auch noch die schroffen Küstenformen vor, doch erscheinen daneben auch Küstenlandschaften von milderem Charakter. Die Inseln werden größer, und die breiten und tiefen Meeresbuchten sind oft nur durch Landengen (Eide) voneinander getrennt, über die man im Mittelalter häufig die Fahrzeuge schleppte, um den Seeweg abzukürzen oder um die offene See zu vermeiden.

Endlich gehören zu den besonderen Landschaftsformen Skandinaviens die zahllosen großen und kleinen Inseln und Felstrümmer im Meere, die alle Küsten bis auf sehr wenige Stellen vollständig und in dichtem Schwarm umsäumen (Abb. 9 und 10). Schären nennt sie der Norweger, ein Ausdruck, der mit unserem deutschen Worte Schere sich deckt und auf das Zerschneiden des Wasserspiegels durch hohe vom Hundert der Landfläche von Norwegen. Mehr als 1100 von diesen Inseln sind bewohnt, vielfach allerdings nur von einer Familie. Eine sehr anschauliche Schilderung der Schären gibt G. Wegener: „Ein einziges, wild grandioses Granitgetrümmer und dazwischen, alles umfließend und umbrandend, das unendliche Meer. Wer nie eine Schärenlandschaft gesehen hat, dem wird es kaum möglich sein, sich eine rechte Vorstellung von diesem Panorama zu machen. Man hat das Gefühl, als sei

Abb. 9. Skjoldvär (Lofoten) als Schärentypus.

oder niedrige Klippen hindeutet. Wichtig für den Küstenverkehr wird dieser Schärenhof, Skjaergaard (eigentlich Schärengarten), das heißt die See hinter den Klippen, dadurch, daß die Schiffe, darunter auch die Dampfer für den Post- und Reiseverkehr, stets in ruhigem Fahrwasser dahinfahren und selten den Gefahren des offenen Meeres ausgesetzt sind. In Schweden und Rußland (Finnland) wird sogar zum Schutze der Küsten eine Schärenflotte unterhalten, die aus flachgehenden, gepanzerten Kanonenbooten besteht. Alle norwegischen Inseln zusammen haben einen Flächenraum von 22228 qkm, sind also größer als das Königreich Sachsen und umfassen sieben hier der Schauplatz jenes ungeheuren Kampfes der Titanen gegen die Götter und die vom ehernen Himmel zurückgeprallten Felsenbrocken seien zu Tausenden in die aufkochende See hinabgestürzt, um nun in allen möglichen Zacken und Wölbungen daraus hervorzuragen. Bald liegen sie flach im Meere wie Schildkrötenschalen, glatt geschliffen von den Gletschern der Vorzeit und den brandenden Wellen der Gegenwart; bald ziehen sie in langen, rundlichen Hügelreihen dahin, anzusehen wie die aus der Meeresfläche auftauchenden Ringe einer riesigen Midgardschlange. Bald wieder ragen sie in steilen, starren Wänden gleich Riesenmauern aus der Flut empor,

Abb. 10. Gegend bei Rødø (Nordland).

oben in Spitzen und Franzen zerfressen, oder sie steigen kegelförmig, Vulkanen gleich, in den Äther. Alle Größen sind vertreten, von der noch unter der See verborgenen Klippe, die man nur an der violettröhlichen Färbung und der stärkeren Bewegung des Wassers über ihr bemerkt, bis zu Hunderten von Metern aufsteigenden Kolossen. In der Nähe sieht man das frischgrüne Moos, welches die geschützten Vertiefungen zwischen den kahlen Granitbuckeln ausfüllt, oder Wäldchen niederer Birkenbüsche, die hier und da über niedere Schären sich ausbreiten; weiterhin schafft die Luftabtönung immer blauere Farben, und in den weitesten Fernen erblickt das Auge nur noch matte, tiefblaue Inseln, die ohne Einzelgliederung in scharfer Silhouette am Himmel schweben. An den letzten Klippenreihen in der Ferne sehen wir kleine weiße Lichtpünktchen auftauchen und verschwinden: es ist die Gischt der äußersten Brandung.

Der Glanzpunkt des norwegischen Schärenhofs wird ohne Zweifel im Lofotgebiet erreicht. Bis dahin steigert sich der Eindruck der Landschaft unablässig an Größe und auch an nordischem Aussehen. Die Welt der Lofoten mit ihren engen Sunden, ihren tausend Meter hohen Felsabstürzen, ihren Gletschern und Zacken, vereinigt die Schönheit und Größe eines Hochgebirges mit den Reizen des Oceans zu einem wunderbaren Ganzen.

Um nun die Schiffahrt hinter diesen Inseln zu sichern, ist die ganze Küste genau vermessen und das Fahrwasser sorgfältig gekennzeichnet. Da erheben sich auf den Klippen kleine weiße Wachthäuschen, die bei Tage weithin sichtbar sind und nachts Feuersignale geben. Oder es sind auf niedrigen Felsen Steinmale aufgemauert oder durch Stangen gefährliche Untiefen kenntlich gemacht. „So wird der Schärenhof, der früher durch seine Gefährlichkeit einen vortrefflichen Schlupfwinkel für die Räuberkönige abgab, heute in friedlicher Zeit ganz umgekehrt zu einem unschätzbaren Hilfsmittel für die einheimische wie fremde Schiffahrt, die sich hier sicher vor den Stürmen des Oceans im Schutze der Inseln vollziehen kann."

Es möge nun auf diese lebendige Darstellung eines begeisterten Naturfreundes, der als Fremder die Küstenfahrt durch die Schären gemacht hat, ein Norweger selbst, der kühne Polarfahrer Nansen, uns ein tief empfundenes Stimmungsbild des Schärenhofes geben, wie er es bei seiner Ausfahrt gegen den Nordpol in sich aufgenommen hat. „So fuhren wir denn," schreibt Nansen

„meistens bei schönem Wetter, seltener in Regen und Nebel, zwischen Sunden und Inseln hindurch längs der norwegischen Küste nach Norden. Welch herrliches Land! Ich möchte wissen, ob es in der ganzen Welt ein Fahrwasser gibt wie hier. Unvergeßlich sind diese Morgenstunden, wenn die Natur aus ihrem Schlummer erwacht, Nebelheim weiß und silberglänzend auf den Bergen liegt, deren Gipfel wie Meeresinseln darüber emporragen. Dieser strahlende Tag über den weißen, schimmernden Schneebergen! Und dann die Abende mit ihrem Sonnenuntergange und dem bleichen Monde, Berge und Inseln schweigend und träumend wie ein Sehnen der Jugend. Hin und wieder geht es vorüber an freundlichen Gärtchen und Häusern, von grünen Bäumen lachend umgeben. Man mag über Naturschönheiten die Achseln zucken; es ist doch herrlich für ein Volk, ein schönes Land zu besitzen, wenn es auch arm ist. Nie ist mir dies' klarer geworden als in dem Augenblicke, da ich es verlassen sollte."

Das Meer selbst ist fast allenthalben tief; zwischen den Schären aber oft flach und dann unfahrbar. Daher wird es dann Stiefelmeer (Stövlehav) genannt.

Um den Schiffen einen Halt zu gewähren, sind da, wo das Meer zu tief ist oder wo der Anker nicht hält, schon in alter Zeit eiserne Ringe (Abb. 11) mit Blei in die Felsen eingegossen, um Schiffstaue daran zu befestigen. So namentlich in der Umgebung von Bergen.

IV.

Wenn nun die Schiffahrt an allen Küsten Norwegens das ganze Jahr hindurch betrieben werden kann, wenn selbst im hohen Norden zur Winterszeit die Häfen zugänglich sind, die Buchten keine feste Eisdecke bekommen, so muß das Klima des Landes, verglichen mit der Natur anderer Länder unter gleicher geographischer Breite, außerordentlich günstig sein. Ja wir können es gleich hier aussprechen: Norwegen hat von allen Ländern unter gleicher Breitenlage das günstigste Klima auf der ganzen Erde. Daher treffen wir hier die nördlichsten Städte der Erde, den nördlichsten Ackerbau. Man vergleiche nur das unter gleichen Breiten gelegene Grönland auf der andern Seite des Atlantischen Oceans. Die Ostküste Grönlands ist infolge der schwierigen Eisverhältnisse kaum in den Umrissen vollständig bekannt und ist als völlig unbewohnt, mit Ausnahme einiger südlicher Punkte, zu bezeichnen. Die mildere Westküste zählt in den dänischen Besitzungen auf einer Küstenstrecke von 1000 km Länge in der Luftlinie etwas mehr als 10000 Menschen, hauptsächlich Eskimos, während das Innere, unter Eis und Schnee begraben, uns ganz in die Verhältnisse der Eiszeiten versetzt, die in Skandinavien seit undenklichen Zeiten gewichen sind. Dagegen ist Norwegen zu jeder Jahreszeit an allen Küsten zugänglich, und es blühen selbst am Fuß des Nordkaps noch Veilchen.

Abb. 11. Ringe in den Felsen nach Claus Magnus, 1558.

Die Ursache dieser Erscheinungen ist in der Bewegung der warmen Meeresströmung des nördlichen Atlantischen Oceans zu suchen, die allgemein unter dem nicht ganz richtigen Namen Golfstrom bekannt ist.

Die Golfströmung bedingt aber nicht bloß das Klima, sondern auch seinen Handel, seine Industrie, seine tägliche Nahrung, sein Leben. Alles dies vollzieht sich nur an den Küsten, denn, mit Ausnahme des Südens, lebt die ganze Bevölkerung fast nur an der See oder in der Nähe der See, soweit der Einfluß der warmen Meeresströmung ins Land bringt. Wir haben also klimatisch die Küsten vom inneren Hochlande zu unterscheiden. Wir betrachten zuerst das warme Küstengebiet.

Die Erwärmung des Landes geht von der See aus, das Meerwasser dringt selbst in die inneren Fjorde ein, und die herrschenden Seewinde tragen die wärmere Luft gegen die Küsten und die dahinterliegende Küstenzone. Am wärmsten ist das Küstenwasser bei Drontheim; von hier an nordwärts ist das Wasser überall wärmer als die Luft im Jahresmittel. Folgende Tabelle wird dies noch deutlicher zeigen:

	Mittlere Temperatur	
	des Wassers	der Luft
Skagerrak	5°	7,2°
Harbangerfjord . . .	6°	6°
Sognefjord	6,2°	7°
Trontheimerfjord . .	6,5°	5°
Westfjord	6,2°	3°
Cfotenfjord	6,1°	2°
Altenfjord	3,2°	0,9°
Warangerfjord . . .	3,1°	—1°

Im Januar beträgt der Unterschied in der Temperatur des Wassers und der Luft bis zu 13 Graden. Im Sommer und Herbst nimmt die Wärme des Wassers von oben nach unten ab, im Winter dagegen von oben nach unten zu. Die herrschenden Winde sind, wie die Strömung an der Küste zieht, Südwest und Süd, doch brechen im Winter, zuweilen auch im Herbst und Frühling heftige Winde von dem kalten Hochlande gegen den Ocean vor. Wir verdanken Leopold von Buch die Wahrnehmung, daß beim Vorherrschen von Landwinden die Gegensätze der Jahreszeiten ausarten und beim Vorherrschen von Seewinden verwischt werden. Darauf beruht der Unterschied des Insel- und Festlandsklimas. In Norwegen beschränken sich diese Gegensätze nur auf das Küstengebiet. „Die Landwinde," sagt Wibe, „werfen sich stoßweise mit solcher Wut von den Felsenabhängen herunter und fahren durch die

Abb. 17. Skagastölstind Jotunheim

Abb. 13. Svartisen (Nordland).

Fjorde heraus, daß die Meereswellen von der Macht des Sturmes zu Staub gepeitscht werden, der mehrere hundert Fuß emporsteigt und mit dem Sturme fortfliegt, daher Havrot, d. h. Seerauch genannt wird."

Im Sommer ist gewöhnlich nachts die Luft ruhig, vormittags kommen Seewinde auf, werden über Mittag stärker und flauen gegen Abend ab. So sind im Nordlande und in Finmarken die hellen stillen Sommernächte von besonderer Schönheit. Die Julitemperatur beträgt in Kristiania 16° C und am Nordkap 9° C. Die Januartemperatur steht an allen Küsten über dem Gefrierpunkt, so daß selbst bei Hammerfest ein Bach im Winter nicht zufriert und die Bewohner also sogar im Januar Wasser daraus schöpfen können. Erst die nächste Küstenzone hinter dem Strande weist im Jahre 30 Kältetage auf.

Von großem Einfluß auf das gesamte organische Leben ist aber auch das lang andauernde Sonnenlicht in den langen Sommertagen. Norwegen reicht weit über den Polarkreis hinaus, wo von Süden kommende Reisende zuerst die Mitternachtssonne bewundern können. Je weiter nach Norden, desto länger wird der Tag, bis am Nordkap die Sommersonne sechs Wochen lang ununterbrochen über dem Horizonte kreist (Abb. 1), dagegen aber auch im Winter ebenso lange Wochen überhaupt nicht sichtbar wird.

Die helle Nacht des Nordens schildert E. Richter („aus Norwegen") mit dem Auge eines Malers. „Bis gegen neun Uhr abends oder noch länger herrscht der gewöhnlich helle Sonnentag, der sich in nichts von einem unserer Breiten unterscheidet. Aber nun nähert sich die Sonne dem Horizont. Die Schatten werden lang, die Wölkchen, die am Himmel schweben, färben sich rot, ebenso die Bergspitzen. Die niedrigen Vorländer sinken allmählich in Schatten, ebenso die Meeresfläche, ausgenommen jene Stelle, wo etwa gerade freier Ausblick nach Norden vorhanden ist. Hier stellen sich lang gezogene goldene und kupferfarbige Reflexe ein, die bis zum Horizonte hinauslaufen, wo die Sonne als glühender, fast strahlenloser Ball zwischen ganz fernen, feinen, leuchtenden Wolkenstreifen steht. In der Nähe entsprechen den kupferfarbigen Reflexen auf der Schattenseite der Wellen die wunderbarsten, tiefgrünen, blauen und schwarzen Gegensatzfarben ... Die Luft wird merklich kühler, eine gewisse Stille kehrt in die Natur ein,

2*

Abb. 14. Elverhufos (Halders).

aber unverlöscht glüht das Sonnenrot an den Berggipfeln, taghell bleibt es ringsum. Der Dampfer gleitet rastlos über die Flut durch die Nacht, die keine ist. Niemand denkt an Schlafen. Alles starrt schweigend auf das Farbenschauspiel, das nun durch Stunden und Stunden am Himmel und auf der Flut sich abspielt, das aber seinen größten Reiz durch die kühnen und stolzen Bergformen der Küste und der Inseln erhält. Um Mitternacht, wenn die Sonne am tiefsten steht, sind es nur einzelne, besonders hoch ragende Gipfel und nach Norden frei liegende Gehänge, die noch ein sanftes Rosa zeigen; schwarz stehen die Silhouetten der nördlich vorliegenden Inseln und Vorgebirge vor dem gelben Himmel, vielleicht nur hier und da am Rande rötlich leuchtend. Gegen ein Uhr ist die Zunahme des Lichtes bereits bemerklich, das blasse Rot an den Bergen verwandelt sich wieder in helles Gelb, und um zwei Uhr blinken schon die ersten kräftigen Strahlen der höher steigenden Sonne über die Bergscharten."

Allerdings läßt sich nicht verkennen, daß das unterbrochene Tageslicht auch Nachteile hat. Dazu gehört eine ganz eigentümliche Auflösung der ökonomischen Verhältnisse. Man mag kommen, zu welcher Stunde des Tages oder der Nacht es auch sei, man wird fast immer Menschen treffen, die wach und mit der Arbeit beschäftigt sind, während andere schlafen.

Die Ordnung eines jeden Hauses ist gewissermaßen gelöst; es gibt keine bestimmte Stunde mehr für die Mahlzeit, keine für die Ruhe, keine für die Arbeit, und trotz des relativen Wohlbehagens, in dem sich die Leute befinden, gegenüber den langen Nächten, die demnächst eintreten sollen, hört man sie doch mit Sehnsucht den Augenblick herbeiwünschen, wo wieder für einige Stunden Dunkelheit eintreten wird. Einzig den Seefahrern ist der ewige Tag eine höchst erwünschte Gabe des Himmels.

Die lang dauernde Tageshelle ist im hohen Norden für die Entwickelung der Pflanzenwelt sehr förderlich. Man hat auf die merkwürdige Thatsache hingewiesen, daß bei Kristiania die Gerste zur Reife nicht mehr Zeit braucht als in Ägypten, nämlich neunzig Tage, obwohl die Mitteltemperatur dort nur 15,5° C, hier aber am Nil 21° C beträgt. Den Ausschlag gibt das längere Tageslicht im Norden;

daher reift auch noch unter 70° n. Br., in Alten, die Gerste in derselben Zeit wie in Kristiania und zwar bei einer Mitteltemperatur von nur 9°,1 C im Juni und 12°,6 im Juli und August. Der Grund liegt darin, daß in Alten die Sonne in der Sommerzeit eigentlich nicht untergeht, also nachts auch kein Stillstand im Wachstum der Pflanzen eintritt.

Dieses ununterbrochene Zirkulieren des Saftes ist auch für den Waldwuchs wichtig, da die jungen Schößlinge in den hellen Tagen den nötigen Widerstand gegen die Winterkälte gewinnen können.

Anders als im Küstengebiet ist das Klima auf den hohen Fjelden, die erwärmende Seeluft dringt nicht auf jene rauhen Hochflächen. Es wird also um so kälter, je mehr man sich von der Küste entfernt. Dabei ist es z. B. ganz gleich, ob man von Drontheim nach Süden ins Land eindringt oder von Kristiania nach Norden oder von Bergen nach Osten reist.

Während man an der Küste nur zwanzig Kältetage im Jahre zählt, steigt im Inneren die Zahl auf 180 bis 210 Tage. Dazu erniedrigt die Kälteausdünstung der Hochmoore die Temperatur wesentlich. Darum kommen im Inneren nur ausnahmsweise noch dauernde Ansiedelungen in einer Höhe von mehr 600 m vor und ist ein großer Teil der Fjelde überhaupt unbewohnt. Während an den Küsten die Gegensätze der Jahreszeiten derart gemildert werden, daß z. B. der Winter in Bergen ebenso warm ist, als in Mailand, treten auf den Hochlanden die Gegensätze schroff hervor und herrscht auf den schneeigen Höhen ein strenger Winter und kann die Temperatur auf — 35° C sinken.

* * *

Von großem Einfluß auf die ganze landschaftliche Scenerie Norwegens ist ein weiteres klimatisches Moment, nämlich die Fülle der Niederschläge. Norwegen gehört zu den regenreichsten Ländern Europas. Da über dem Ocean die größte Verdampfung stattfindet und die zu Wolken und Nebel verdichteten Dämpfe von südlichen und südwestlichen Winden gegen das Land und die steilen Gebirge getragen werden, wo sie in den kalten Höhen zu Tropfen sich verdichten und als andauernde

Abb. 15. Kitelos Gudvangen

Regen niedergehen, so fallen natürlich an den Steilküsten der Westseite die meisten Regen. Floro bei Bergen weist eine jährliche Regenmenge von 230 cm, Bergen selbst von 180 cm, Stavanger von 109 cm auf, wogegen man in Kristiania, gewissermaßen hinter den Bergen, nur noch 54 cm zählt, d. h. nicht so viel als im mittleren Deutschland. Wo die stärksten Regen in Norwegen fallen, sind die Küsten auch am meisten zerklüftet und zersplittert, aber nicht das fließende Wasser allein, sondern auch Eis und Schnee des Hochlandes haben zu der Fjordbildung beigetragen. Die mit ewigem Schnee oder mit Firnschnee bedeckten Fjelde nehmen in keinem Lande Europas, auch in den Alpen nicht, so große Flächen ein wie hier. In den höchsten Regionen breitet sich der Schnee als eine zusammenhängende Decke aus, weiter abwärts liegt er an den Gehängen nur in Streifen, und man hat dafür den bildlich zutreffenden Ausdruck „Zebraschnee" (Abb. 12) gewählt. „Zebraschnee," sagt Güßfeldt, „ist auch ewiger Schnee, aber solcher, der keine zusammenhängende Decke bildet, sondern der den grauen Felshängen in Streifen und rundlichen Flecken inselartig aufgelagert ist. Oft wird eine breite Zone von ihr bedeckt, und man sieht daselbst das Gebirge sich in dunklen Streifen absetzen; daher der Name."

Diese mit Schnee bedeckten Fjelde sind nun ein gemeinsames Quellgebiet der Gletscher, die von da nach allen Seiten ab-

Abb. 16. Honefos.

fließen, bald aber an die Steilgehänge der Thäler kommen und in raschem Absturze endigen. Gletscher und Firnfeld heißen in Norwegen beides brae, das heißt Breite. Da die Gletscher bei der geringen Verwitterung des harten Gesteins meist ganz frei von Beimengung von Steinschutt sind, so erscheinen alle Spalten wunderbar blau. Und diese Spalten- und Gletscherbrüche treten hier um so mehr zu Tage, als das Gefälle der Eisströme sehr bedeutend ist und es mehr Hängegletscher als Thalgletscher gibt, die in den Alpen vorherrschen.

Darum finden sich auch verhältnismäßig wenige Gletscherthore, dagegen Eislawinen und Eisfälle, die den Wasserfällen entsprechen (Abb. 13).

Ehemals war das ganze Hochland unter einer einzigen Eiskappe begraben, wie heute noch Grönland, und von Skandinavien aus verbreiteten sich die Eisströme südwärts über Deutschland und Rußland und lagerten dort die Massen von nordischem Schutt, niedrigen Teilen Skandinaviens erfolgte jedenfalls durch Eintreten milderer Temperaturen. Damit verschwand auch die letzte Eiszeit und hinterließ nur noch die einzelnen Firnfelder und Gletscher auf den Hochlanden. Die ungeheuren Massen fließenden Wassers, die dann beim Zurückweichen des Eismantels in Bewegung kamen, haben aber trotz der Jahrtausende auf dem harten Felsboden noch nicht vermocht, wie z. B.

Abb. 18. Baumgruppen in Bergen.
(Nach einer Photographie von Wilh. Dreesen in Flensburg.)

Lehm und Sanden ab, die das deutsche Flachland hoch bedecken. Nach den neuesten Forschungen muß, mit lang andauernden Zwischenpausen, Skandinavien viermal nacheinander völlig vereist gewesen sein. Davon scheint die zweite Eiszeit die größte von allen gewesen zu sein, die ihre Eisströme und Eisungen am weitesten nach Süden verschob und Blöcke von skandinavischem Gestein bis an dem Fuße der mitteldeutschen Gebirge ablagerte. Das Zurückweichen der Gletscher erst vom Boden Deutschlands und seiner Nachbarländer, dann auch von den in den länger schon eisfreien Gebieten Deutschlands, ausgebildete Flußthäler zu schaffen, in denen die entgegentretenden Hindernisse von Felsengen dadurch beseitigt wären, daß der Fluß solche Felsdämme durchschnitten hätte, oder dadurch, daß er lang gestreckte Thalseen, in denen sich das Wasser staute, teils ausgefüllt, teils durch Vertiefung der Stromrinne entleert hätte, infolgedessen dann ein ziemlich regelmäßiges Gefälle des Flusses geschaffen worden wäre. In Norwegen sind die Flüsse noch nicht so weit entwickelt. Daher die vielen Flußseen und Wasserfälle. An Wasserstürzen (Abb. 14, 15, 16) aller Art ist Norwegen so reich wie kein anderes Land der Erde, daher man es auch das Land der Wasserfälle genannt hat. Und bei den starken Niederschlägen an den Küstengebirgen ist in diesen reizenden Erscheinungen des fallenden Wassers keine Verminderung, keine Abnahme zu verspüren. Die Schneeschmelze im Hochsommer steigert noch die Wasserfülle, und dieser Schmuck der norwegischen werden in ausgiebigster Weise benutzt, und man baut die Mühlenwerke bis in die Wasserstürze hinein.

Da die Flüsse namentlich im oberen Laufe, auf den Hochflächen natürlich am wenigsten entwickelt sein können, treffen wir dort auch allenthalben nur ganz flachmuldige Thäler und häufig dazwischen die Wasserscheiderücken noch gar nicht bestimmt ausgeprägt. Daher fließt manchmal das Wasser aus ein und demselben See oder

Abb. 19. Nadelholz am Eidfjord (Hardanger).

Landschaften zeigt sich gerade in der Reisezeit des Sommers in seiner ganzen Größe. Leider sind aber infolge dieses Charakters die Flüsse sämtlich nicht schiffbar und gestatten nicht, daß man von der See her zu Schiff weit in sie eindringen kann. Sie können also nicht wie in England das Binnenland in bequemer Weise mit dem Ausland in Verbindung setzen. Aber von großer Bedeutung sind doch diese stürzenden Wassermassen für den Betrieb von Mühlen, neuerdings auch von Elektricitätswerken, und ist um so wichtiger, als Norwegen keine Kohlenlager besitzt. Die Wasserkräfte Hochmoor nach verschiedenen Seiten ab und bildet verschiedene Flüsse, die sich nach entgegengesetzten Richtungen ins Meer ergießen. So fließt aus dem Sumpf bei Röraas die Gulaelv zum Trondheimerfjord, und der Glommen nach Süden zum Skagerak. Die Seen (Abb. 17) nehmen in Norwegen nur etwa den vierten Teil der Fläche ein wie in Schweden, sie sind aber immerhin zahlreich genug, um ein Areal von 10 209 qkm zu bedecken. Daß sie der Eiszeit ihre Entstehung verdanken, wird besonders aus den sie begleitenden Moränen ersichtlich. Die Seen liegen nämlich häufig in Reihen hinter einer Endmoräne. Auch lassen sich mehrere Reihen hintereinander liegender Endmoränen nachweisen, mit einer Reihe von Seen hinter einem Moränenzuge. Sind diese stehenden Gewässer durch Moränen abgedämmt, dann sind sie nicht tief, liegen sie in Mulden des festen Gesteins, dann sind sie tiefer. Der größte norwegische See ist der Mjös, der 393 qkm groß, 452 m tief ist und 124 m über dem Meeresspiegel liegt. Sein Boden liegt also 325 m unter dem Seespiegel, das heißt tiefer, als die Nord- oder Ostsee ist. Sein Abfluß ergießt sich in den Glommen, den größten norwegischen Fluß, der östlich von Kristiania sich ins Meer ergießt.

Inwieweit die Pflanzen vom Klima und von der Dauer des Sonnenlichts abhängen, ist bereits mit wenigen Worten angedeutet. Hierzu lassen wir hier noch einige allgemeine Betrachtungen über die Pflanzenwelt folgen.

Während der Eiszeiten kann selbstverständlich von einer Vegetation keine Rede sein; aber wie wir in den Alpen in unmittelbarer Nähe von Eis und Schnee sich Blüten in den kräftigsten Farben entfalten sehen, so auch hier. Wenn die Eisdecke allmählich von Süden nach Norden zurückwich, mußte ihr auch auf dem frei gewordenen Boden in derselben Richtung von Süden her die Pflanzenwelt folgen. Es sind also alle Gewächse Skandinaviens nach der Eiszeit von Süden eingewandert.

So sagt Passarge: „Die Vegetation (im südlichen Norwegen) ist die norddeutsche, und die Pflanzen erfreuen durch eine besondere Kraft und Frische der Farbe. Das Weidenröschen (Epilobium) und die wilde Rose sind in ihrer Blütenpracht kaum wieder zu erkennen, ebenso der Löwenzahn, die Königskerze und andere Feld- und Wiesenblumen." Es ist eine Thatsache, die von norwegischen Botanikern festgestellt ist, daß die Blumen so lebhafte Farben besitzen, daß aus dem Süden kommende Botaniker neue Varietäten vor sich zu haben glaubten. Das Laub der Bäume ist viel dunkler als bei uns. Das Aroma aller Pflanzen und Früchte nimmt nach Norden zu, während der Zuckergehalt abnimmt. Die wild wachsenden Beeren sind in Skandinavien schmackhafter als im Süden und bilden einen wesentlichen Bestandteil der Tafel, dahin sind zu rechnen: Heidelbeeren, Preißel-, Brom-, Him-, Erdbeeren, ferner Molte- und Rauschbeeren, die mit Zucker und Rahm frisch genossen oder als Wintervorrat eingemacht werden.

Die Moltebeere (Rubus chamaemorus) wächst auf einem kriechenden himbeerartigen Strauch mit dicken, lederartigen Blättern, der besonders auf den Fjelden an sumpfigen Stellen ganze Flächen überzieht. Die Moltebeere sieht ähnlich aus, wie eine große Himbeere, ist anfangs schön rot, bleicht aber bei der Reife zu einem matten Orangegelb. Das Fleisch bleibt immer etwas hart und hat frisch genossen, einen zusammenziehenden, etwas bitterlichen Geschmack.

Aber nicht bloß diese Beeren, auch das Obst hat in Norwegen ein kräftigeres Aroma als bei uns. Ähnlich ist's mit dem Gemüse. Daher erscheint dem Norweger das in Deutschland gebaute Gemüse fade und geschmacklos. — Norwegen ist auch das Land der Blumen; Blumen werden in jedem Hause gepflegt, auch ist es im ganzen Lande Sitte, Sonnabends die Gräber mit Blumen zu schmücken.

Da alle Gewächse von Mitteleuropa her erst wieder eingewandert sind und Norwegen am weitesten in Europa nach Norden sich erstreckt, so finden in diesem Lande mehr als 4000 europäische Pflanzen ihre Nordgrenze. Man sieht daher sowohl nach Norden an der See entlang, als auch nach Osten gegen die Hochlande die Gewächse allmählich verschwinden. Im südlichen Norwegen bis nach Bergen hin gedeiht noch die Buche, die im mitteleuropäischen Klima besonders die Länder am Meere und die größeren Inseln liebt. Die Eiche reicht noch weiter nach Norden und findet sich bis Dronthein. Weißerle, Fichte, Tanne und Birke gedeihen noch weiter, und die Birke bildet noch an den nördlichsten Fjorden in Finmarken ansehnliche Gebüsche. Nur im äußersten Nordosten am Warangerfjorde kommen Bäume nicht mehr fort. Aber am Altensjord kann man noch unter 70° n. Br. Ackerbau treiben, den nördlichsten Ackerbau auf der ganzen Erde. Außer Korn gedeihen hier noch Hanf, Lein und Hopfen; selbst Moorrüben erhalten noch ein Gewicht von 750 g, und die Kartoffel wird bis fast ans Nordkap gebaut. Unter den Obstbäumen geht der Kirschbaum am

Abb. 20. Renntierherde (bei Tromsö).

Abb. 17. Lappen Finmarken.

weitesten nach Norden, seine Früchte reifen noch unter 66° n. Br.

Reicher wird die Baumwelt im Süden, so namentlich um Kristiania. Schon im Anfange des XIX. Jahrhunderts machte L. von Buch darauf aufmerksam, daß man sich gewöhnlich in Deutschland eine viel zu rauhe Idee von der norwegischen Natur unter 60° n. Br. mache. „Wo Eichen noch fortkommen," sagt er, „da kann man auch noch mit Vorteil und Freude Fruchtgärten anlegen, und nicht in Kristiania allein wachsen vortreffliche Äpfel, Kirschen, selbst Birnen und Aprikosen im Freien, nur Pflaumen nicht, auch nicht Pfirsiche und Wein, und mancher Arten von Birnen muß man entbehren. Von Bäumen gedeihen noch die hohe Esche vortrefflich, und sie ist eine vorzügliche Zierde der Gegend. Auch Linden wachsen freudig und schön, und Ahorn und Rüstern gehören unter die gewöhnlichsten Bäume der Wälder. Dagegen werden Espen (populus tremula), Erlen und Birken noch immer größer und schöner, es sind die wahren Bäume des Nordens" (Abb. 18).

Man darf indes aus diesen Bemerkungen nicht den Schluß ziehen, daß der Wald in Norwegen hauptsächlich aus Laubbäumen zusammengesetzt sei. Der Wald besteht vielmehr meist aus Nadelbäumen (Abb. 19). Da aber ein großer Teil des Landes über die Baumgrenze hinausragt, im anderen Teil in den fast unnahbaren steilen Felsgehängen das Nadelholz nur spärlich wächst, so sind hauptsächlich im Süden, in der weiteren Umgebung des Kristianiafjords die ergiebigsten Wälder anzutreffen, aus denen sehr viel Holz an die Küsten abgeführt wird, und dann verarbeitet als wichtiger Handelsartikel nach Dänemark, Holland, England geht.

Das ganze Land hat einen Flächenraum von 322304 qkm. Davon nimmt das Unland, d. h. die nackten Felswüsten, Firn, Eis und Hochmoore, mehr als ⅔ ein, nämlich 232800 qkm. Dann bleiben für den Wald 66075 qkm, für die Seen 10209 qkm, für natürliches Wiesenland 7709 qkm und für das Ackerland nur 2360 qkm, d. h. ein Hundertel von dem Unlande oder der 136. Teil der Fläche des ganzen Landes.

Es geht aus dieser Verteilung und besonders aus der ungewöhnlich geringen Fläche, die dem Ackerbau dienen kann, deutlich hervor, warum für ein so großes Land, das beinahe den Flächenraum von Preußen erreicht, die Bevölkerung so gering ist, denn sie betrug am 1. Januar 1891 noch nicht ganz zwei Millionen, nämlich 1988674 Einwohner, und sodann, daß die Bevölkerung nur wenig zunehmen, also sich nicht namhaft verdichten kann. Es leben nämlich in Norwegen nur sechs Menschen auf einem Quadratkilometer durchschnittlich, während wir in Deutschland deren 97 zählen.

Doch ehe wir uns zur Bevölkerung wenden, mögen am Schlusse dieses Abschnittes noch einige Bemerkungen über die

Tierwelt, besonders über die wilden Tiere gegeben werden. Wo die Bevölkerung so gering ist wie in Norwegen, wo es im Inneren noch weite menschenleere Wüsteneien gibt, da ist auch die Tierwelt von den Menschen noch nicht so eingeengt, verdrängt oder ausgerottet wie etwa in Deutschland. Es gibt noch genug größere Raubtiere und auch Hochwild in den Gebirgen, um zur Teilnahme am Jagdsport anzureizen. Für jeden Norweger ist die Jagd frei. Wenn dagegen Fremde eine hohe Jagdsteuer, jährlich 200 Kronen (à 112 $^1/_2$ Pfennig) zahlen müssen, dann ist es dabei namentlich auf reisende Engländer abgesehen, die teils diese Steuer erlegen und dann ins Hochland ziehen, teils aber auch Flüsse und Bäche pachten, um nach allen Regeln der Kunst Lachsfischerei zu betreiben. Die Jagd auf Raubwild ist aber insofern auch für jeden Norweger lohnend, weil der Staat für jedes erlegte Stück ein bestimmtes Schußgeld bezahlt. Das bezieht sich auf Bären, Wölfe, Marder, Luchse, Vielfraß, Füchse, Adler, Habichte und Krähen. Man wird aus der folgenden Liste (Seite 30) ersehen, daß die Jagd immer noch lohnt und zwar einerseits durch die Gewinnung des Schußgeldes, andererseits durch die Erhaltung des Weideviehs oder des Geflügels. Daß die Zahl der Wölfe im Laufe des Jahrhunderts abgenommen hat, ist zweifellos; den besten Beweis finden wir in einer Schilderung L. von Buchs. „Eine Reise im Winter über die großen norwegischen Seeen," schreibt er, „wie z. B. über den Mjös, würde in der That für viele eine Lustfahrt sein, wäre sie nicht wegen der Wölfe in den frühen Dämmerungen des Winters etwas gefährlich. Denn nirgends sind die Wölfe so gern und häufiger versammelt, als eben auf ausgebreiteten Eisflächen. Sie scheuen alles, was ihnen über dem Kopfe hängt und fliehen daher die Wälder. ... Dagegen auf dem freien Eise halten sie sich in Rudeln zu Dutzenden auf, um dort Gelegenheit zum Raube zu finden. Kommt ein einzelner Schlitten, so traben sie von beiden Seiten nebenher und setzen die Reisenden in sehr gegründeten Schrecken. Ein sehr einfaches Mittel hilft ihnen nun aus der Not. Sie befestigen an dem hinteren Teile des Schlittens einen Strick, so lang als man ihn erhalten kann, der frei herunterhängt und auf der Bahn des Schlittens nachschleift. Die kleinen Unebenheiten des Weges heben ihn tanzend in die Höhe und drehen ihn in ewigen Schlangenwindungen fort. Das setzt die Wölfe in Furcht. Sie wagen keinen Angriff und, erschrocken über das tanzende Ungeheuer, bleiben sie in einer sichernden Ferne."

Viele mitteleuropäische Tiere erreichen, ähnlich wie die Pflanzen, in Norwegen ihre Nordgrenze. Am weitesten nach Norden trifft man unter dem Jagdwild das Renntier (Abb. 20), das nicht bloß gezähmt, sondern auf den hohen Fjelden auch noch wild vorkommt. An Stelle unserer Feldmäuse erscheinen im hohen Norden die Lemminge, die sich in manchen Jahren ganz ungeheuer vermehren.

Die Zahl der Vögel ist in den Wäldern ziemlich gering, die Singvögel sind im Norden fast ganz verstummt, so daß die Wälder fast lautlos erscheinen; nur Schneehühner werden zahlreich angetroffen, so daß

Abb. 21. Fischerlappe Jenmarken.

im Lappendorfe Kautokeino (60° n. Br.) manchmal 10 000 Stück auf einmal gefangen werden.

Sehr belebt sind dagegen die See, der Strand, die Klippen. Hier nisten und brüten Alken, Lummen und Möven in so großen Schwärmen, daß, wenn sie durch Schüsse aufgescheucht werden, wie es absichtlich wohl von den Vergnügungsdampfern aus geschieht, die Luft von den kreischenden und flatternden Vögeln förmlich verfinstert wird. Ganz besonders sind aber die Eiderenten geschützt, deren Brutplätze gehegt werden. Aber nicht bloß die Federn sind geschätzt, auch die Eier dieser und anderer Küstenvögel werden gesammelt und im Haushalt an Stelle der Hühnereier verwendet, da unsere Haushühner nördlich von Drontheim nicht mehr fortkommen.

Was nun die Anzahl der erlegten Raubtiere betrifft, für die Schußgeld bezahlt wird, so wurden 1895 erlegt: 44 Bären, 61 Wölfe, 80 Luchse, 59 Vielfraße, 10 362 Füchse, 1081 Adler und 4727 Hühnerhabichte.

Bären sind noch ziemlich weit verbreitet und sind eigentlich nur in den südlicheren, am besten bewohnten, flacheren Gebieten des Landes verschwunden. Wölfe sind dagegen nur im Norden, in den Ämtern Drontheim, Tromsö und Finmark getötet.

Luchse sind ähnlich wie die Bären verbreitet, sind aber in den nördlichsten Ämtern Tromsö und Finmark nicht angetroffen; Vielfraße dagegen vorwiegend nördlich von Drontheim. Überaus zahlreich sind die Füchse, und sie thun an dem Geflügel großen Schaden. Sie finden sich über das ganze Land verbreitet, und wenn man die Zahl der erlegten Räuber 1895 und 1894 miteinander vergleicht, nämlich 10 362 : 8616, so möchte man vermuten, daß die Landplage noch in der Zunahme begriffen ist. Raubvögel sind auch überall anzutreffen, am meisten wurden erlegt in Amt Kristiania und im Nordlande. In manchen Ämtern wird auch für erlegte Marder, Iltisse und Raben Schußgeld bezahlt.

V.

Die Bevölkerung Norwegens gehört bis auf wenig Tausend Lappen (Abb. 21 und 22) im hohen Norden dem germanischen Stamme an; aber ins Licht der Geschichte tritt sie erst im VII. Jahrhundert unserer Zeitrechnung. Sie erschienen auf der See als kühne Seefahrer und Räuber, und man erfuhr von ihnen eher in der Fremde als in der überlieferten Geschichte des eigenen Landes. Christliche Mönche waren es aus Irland, die bei ihrem Suchen nach einsamen Inseln, wo sie als Anachoreten leben wollten, mit den Normannen zuerst, etwa um 620 auf den Shetlandinseln zusammenstießen, aber gar bald vor den wilden Heiden zurückwichen. Die Iren flohen nach den Färöer, aber um 770 erschienen die Normannen auch dort und vertrieben sie. Nun wichen die Iren gar nach Island

Abb. 23. Volkstracht im Hallingdal.

Abb. 14. Landleute am Sandsjord.

zurück, aber auch dahin folgten ihnen etwa um 870—874 ihre Feinde und nahmen bald diese große Insel in Besitz. Immer weiter drangen die Normannen vor. Von Island kamen sie kurz vor dem Jahre 1000 n. Chr. nach Grönland, ja sie versuchten bald darauf sich sogar an der Küste von Neuschottland festzusetzen, gaben aber, durch amerikanische Urbewohner bedrängt, ihren Plan bald wieder auf. Dagegen setzten sie sich an der Küste Nordfrankreichs im X. Jahrhundert fest, als die Landschaft noch die Normandie heißt, und steuerten durch die Straße von Gibraltar, die von ihnen Stolpensund, das heißt die Straße der Säulen (wie im Altertum) benannt wurde, ins Mittelmeer, wo sie in Süditalien ein Reich gründeten, das später den Hohenstaufen zufiel. Sie durchschweiften also in jenen Jahrhunderten alle bekannten Meere in ihren schnellen Schiffen und hießen die Wikinger, ein Wort, das verschieden erklärt wird und nach der einen Deutung Krieger, nach der anderen Buchtenbewohner bedeutet, letzteres mit Beziehung auf die zahllosen größeren und kleineren Fjorde, Buchten und Ankerplätze

an allen Küsten Norwegens. Die Ursache dieses ruhelosen Umherschweifens auf den Meeren lag wohl einerseits in der Abenteuer- und Wanderlust des Volkes, Eigenschaften, die damals bei allen germanischen Stämmen anzutreffen waren, anderseits in den Zwisten und Fehden, die zwischen einzelnen Häuptlingen geführt wurden, denn das ganze Land besaß noch keine einheitliche Königsgewalt. Erst Harald Haarfagr (Schönhaar) bezwang die kleinen Herren, die Jarle, und gründete 872 ein norwegisches Reich, das zwar noch nicht von langer Dauer war, aber doch seit 1014 festen Bestand hatte. Inzwischen war ums Jahr 1000 das Christentum eingeführt, das sich allmählich allgemeine Anerkennung erwarb. Im Jahre 1319 wurden Schweden und Norwegen auf kurze Zeit unter dem jungen norwegischen König Magnus Eriksson zum erstenmal zu einem Reiche vereinigt; aber am Ende des XIV. Jahrhunderts kamen alle drei nordischen Reiche: Dänemark, Schweden und Norwegen in eine Hand. Dieser Union gehörte Schweden aber nur bis 1523 an, während Norwegen von Dänemark abhängig blieb und unter dänischem Einflusse selbst seine alte Sprache einbüßte, so daß heute noch in Norwegen die dänische Sprache herrscht, wenn auch norwegische Schriftsteller bemüht sind, durch Einführung altnordischer Ausdrücke die Landessprache freier zu gestalten und von der dänischen zu entfremden. Erst 1814 wurde die für Norwegen nachteilige Verbindung mit Dänemark gelöst, und das Land verband sich nun mit Schweden unter einem gemeinsamen König, aber mit selbständiger Verwaltung. Die Union mit

haften Städte liegen an der See, und die Bevölkerung der Städte wächst weit rascher als die des Landes. Während 1801 etwa ⅟₁₀ der gesamten Bevölkerung in den Städten lebte (nämlich 789 000 Einwohner auf dem Lande und 94 000 Einwohner in den Städten), stellt sich heutzutage das Verhältnis ungefähr wie drei zu eins (1 525 090 zu 464 000 Einwohner). Durchschnittlich leben nur sechs Einwohner auf einem Quadratkilometer; aber naturgemäß nimmt die Dichte im hohen Norden am

Abb. 25. Landleute von Hardanger.

Schweden ist unlöslich auch über die königliche Familie (Haus Bernadotte) hin. Gemeinschaftlich ist seit 1875 auch mit Dänemark der Münzfuß. Eine Krone zu 10 Öre gilt 1 Mark 12½ Pfennig; aber getrennt bleiben die Verfassung, die Volksvertretung, das Heer, die Finanzen u. s. w. Infolge seiner wieder gewonnenen Selbständigkeit hat Norwegen sich im XIX. Jahrhundert so entwickelt, wie kaum ein anderes Land in Europa. Die Bevölkerung hat sich zwar von 1801 bis 1891 (letzte Zählung) mehr als verdoppelt, aber doch ist sie nur spärlich über das Land verbreitet. Alle namhaften meisten ab. Die besten Gebiete für die Ansiedelung liegen um den Kristianiafjord, wo im Amte Jarlsberg und Laurvik 42 Einwohner auf einem Quadratkilometer leben, und bei der alten Krönungsstadt Drontheim, wo man 29 Einwohner zählt. Weniger als die durchschnittliche Dichte weist das ganze Land nördlich von Drontheim auf, hier hat der nördlichste Teil, Finmarken, nur noch 0,6 Einwohner, es leben also auf zehn Quadratkilometern nur sechs Menschen. Aber auch im Süden und der Mitte stehen die nicht an der Küste liegenden Ämter unter der mittleren Volksdichte, sie haben nämlich nur vier bis fünf Einwohner auf einem Quadratkilometer.

Trotzdem wandern aber noch Norweger aus und zwar meistens nach Nordamerika. Das ganze Land zerfällt in 18 Landämter und zwei Städte: Kristiania und Bergen. Im Jahre 1891 gab es zehn Städte mit mehr als 10000 Einwohnern, und diese Städte liegen alle in der Nähe der See. Obenan steht die Großstadt Kristiania mit 200000 Einwohnern; dann folgen Bergen 54000, Trontheim 29000, Stavanger 24000, Drammen 21000, Kristiansand 13000, Fredrikstad 12000, Fredrikshald 11000, Laurvik 11000 und Kristiansund 10000 Einwohner.

Über den Charakter des Volkes ist das Urteil aller Reisenden einmütig, sie sprechen sich alle anerkennend über das kernige zuverlässige Wesen der Norweger aus.

„Die Norweger," sagt Richter, „sind ein ganz hervorragend achtenswertes und sympathisches Volk. Diesen Eindruck wird schon der flüchtige Reisende gewinnen, wenn er sich überall ohne Prellerei und Zudringlichkeit behandelt sieht. Man hat überall den Eindruck der Verläßlichkeit und Ehrenhaftigkeit." Und Passarge weist auf den schweren Kampf hin, den der Norweger mit der harten Natur seines Landes zu führen hat und der seinen Charakter stählt. Darum erscheinen die Menschen alle so eisern, so still, unbeugsam und gelassen. Oft nimmt man auch eine gewisse Melancholie an ihnen wahr und ihre Neigung zu religiöser Mystik. Ähnlich lautet auch Gußfeldts Urteil. Danach ist Norwegen ein Land, dessen Bewohner fast ausnahmslos frei sind von Roheit. Ihr Benehmen, auch des Geringsten, ist von einer gewissen Wohlanständigkeit getragen. Manche der Eigenschaften, wie ruhiges Wesen, Vermeiden von Zank und Geschrei, kommen dem Reisenden zu gute. Ihre Ehrlichkeit erzwingt nicht selten unsere stille Bewunderung. „Was einem jeden zukommt, das fordert er. Der alte Lotse (von 72 Jahren), den wir von Stavanger an Bord genommen hatten, setzte seine Brille in Gegenwart des Kaisers auf und zählte, langsam prüfend, die gezahlte Lotsengebühr durch; er wollte wissen, ob alles mit rechten Dingen zugegangen sei; aber er hätte sicher ein Zuviel als Zuviel bezeichnet."

Besonders angenehm berührt das ruhige, gemessene Wesen der Leute, wenn man in

Abb. 26. Borgundskirche Kärdal.

einem Hafen landet. Da gibt's kein Schreien der Bootsführer und Packträger wie in südlichen Ländern, da wird einem nicht unversehens sein Gepäck entrissen und fortgeschleppt, sondern ruhig warten die Leute, bis sie gerufen werden. Und bei der Bezahlung genügt die Frage nach der Taxe. „Wer die Antwort nicht versteht, der riskiert wenig, wenn er dem Bootsmann erlaubt, sich das Fahrgeld aus den hingehaltenen Münzen selbst auszusuchen. Für Bergen und Kristiania möchte ich dieses Verfahren allerdings nicht empfehlen" (Gußfeldt).

Aber der Charakter des Volkes hat sich auf dem Lande, nicht in den erst später entstandenen Städten entwickelt. Die Norweger sind in ihrem Lande ein Bauernvolk, und der Bauer (Abb. 24 und 25) ist heute noch eine ausschlaggebende Gesellschaftsklasse. Dörfer gibt es nicht, jeder Besitzer wohnt auf seinem Hofe, und dieser Besitz wird in der Familie sehr festgehalten, so daß der Bauer seinen Stammbaum weit in die Jahrhunderte zurückverfolgen kann. Diese auch nach Island übertragene Wertschätzung des Familienerbes hat dort die für die ältere Geschichte und die altgermanische Mythologie so wichtigen Familienchroniken hervorgerufen und erhalten, in denen uns unter anderen kostbaren Überlieferungen, gewissermaßen als Episoden in Familiengeschichten, die Fahrten der Normannen nach Grönland und Winland, also die Entdeckung Amerikas etwa um 1000 n. Chr. aufbewahrt worden ist.

Der norwegische Bauer fühlt sich auf seinem Eigentum vollständig frei und unabhängig von fremden Handwerkern. Er versteht selbst diese Gewerbe in seiner Weise, ist sein eigener Schmied und Tischler, sein Zimmermann und Maurer, sein Weber und Schneider und erwirbt sich dadurch eine große Umsicht und Ruhe. Er will sein eigener Herr sein und huldigt darum entschieden demokratischer Tendenz. Sein Ideal ist die Bauernrepublik und die politische Verbindung mit Schweden beobachtet er mit entschiedenem Mißtrauen.

Wie im Lande, so liegen auch jetzt noch die Häuser in den Städten allein und sind umgeben von Gemüse-, Obst- und Kartoffelgärten oder von nackten Felsen. Denn die meisten Städte, erst neueren Ursprunges, verdanken ihr Dasein dem Holzhandel, dem Fischfang und der Schiffahrt; und so haben sich, wenn sich die Lage für den Verkehr als günstig erwies, kleine Küstenorte zu Städten entwickelt. Infolge dieser Art der Entstehung sind die meisten Städte in ihrer Anlage sehr unregelmäßig, und man bemüht sich in der neuesten Zeit erst, die dadurch erwachsenen Übelstände nach Kräften zu beseitigen. Wie auf dem Lande waren noch im Anfange und im ersten Drittel des XIX. Jahrhunderts alle Häuser von Holz; dann hat Kristiania zuerst bei Neubauten Ziegelsteinwände verlangt, und diese Maßregel, die die Feuersicherheit erhöht, wird nun auch in anderen Städten befolgt. Wie die Wohnhäuser, so waren in älterer Zeit auch alle Kirchen von Holz (Abb. 26 und 27) und zwar in einem ganz eigenartigen Stile erbaut. Von diesen ältesten Kirchen haben sich aber nur wenige erhalten: sie sind aber entschieden charakteristisch fürs Land und sehenswert. Eine darunter ist sogar durch König Friedrich Wilhelm IV. von Preußen ins Riesengebirge verpflanzt und allen Reisenden als „Kirche Wang" in angenehmer Erinnerung.

In allen Ländern, wo die Landbevölkerung überwiegt und die Städte noch wenig die ländlichen Sitten und Gebräuche beeinflussen, findet man auch noch alte Volkstrachten (Abb. 28 und 29). Da die Stoffe, Leinen und Wolle, im Hause sonst ausschließlich verarbeitet, auch die Kleider daheim von den Frauen verfertigt wurden, so hatte jedes Thal seine besondere Tracht. Manche Eigenart ist trotzdem aus der Fremde eingeführt. Am merkwürdigsten liegt der Fall in Gudbrandsdalen.

Mehrere norwegische Regimenter hatten unter Marlboroughs Führung am spanischen Erbfolgekriege teilgenommen. Die militärische Tracht der heimgekehrten Veteranen bildete die Vorlage der nunmehr entstehenden Mode: lange Röcke des XVII. Jahrhunderts mit ungeheuren, steifen, ausgezackten Klappen auf der Rocktasche, dazu kleine rote Mützen. In Telemarken allein trägt man noch den breiten altnordischen Gurt um den Leib, dazu eine kurze Jacke mit einer Art von Epauletten darauf und eine kleine Mütze. Besonders reich war die Stickerei namentlich bei der Frauentracht. Aber da das Spinnen immer mehr aus den Häusern verschwindet, auch das Weben aufhört, so kommen auch die Volkstrachten immer mehr ab oder ziehen sich in einsame Thäler zurück.

Dagegen hat sich in der Bauart und Bedachung der Häuser noch manches Altertümliche erhalten. Man wird gewiß erstaunt sein, wenn man in der ältesten ausführlichen Beschreibung Skandinaviens, die der Bischof Claus Magnus 1558 in Rom erscheinen und mit Holzschnitten nach seinen Angaben schmücken ließ,[*]) eine Abbildung

---

[*] Historia de gentibus septentrionalibus. Rom 1558.

von einer Häusergruppe oder von einem Gehöfte findet, wo Schafe auf den Dächern weiden (Abb. 30). Und doch sind diese Art Dächer noch keineswegs verschwunden. Die Bedachung besteht aus geschälter Birkenrinde, die mit Erde wieder dicht bedeckt ist. Rasen überzieht sehr bald das Erdreich, und zur Sommerzeit grünen und blühen diese Dächer wie ein wilder Blumengarten.*) Süßfeldt hält es sogar für möglich, lediglich durch Botanisieren auf den Dächern eine vollständige Flora Norwegens zustande zu bringen.

Doch darf man derartige Häuser nicht mehr in den belebten Städten erwarten, hier sind die ziemlich flachen Dächer mit Ziegeln, Schiefer und Schindeln bedeckt. Strohdächer kennt der Norweger nicht, denn bei dem geringen Ackerboden wäre Stroh zur Bedachung zu kostbar. Anders in Schweden, wo dem Ackerbau weitere Flächen zur Verfügung stehen. Sehr drastisch äußert sich L. von Buch darüber: „Falkenbergs Häuser (in Schweden) sind, ohne Zweifel aus Armut und Mangel mit Stroh gedeckt.

Abb. 27. Saagekirche Gudbrandsdal.

Die Pflanzen auf den Dächern sind natürlich je nach der Lage im Süden oder Norden des Landes, an der See oder im Inneren verschieden. Zweifellos sind diese Rasendächer so beliebt, weil sie den klimatischen Verhältnissen durchaus entsprechen, das Haus warm halten und die Feuchtigkeit nicht einbringen lassen. G. Wegener fügt hinzu, die üppige Vegetation auf den Dächern werde regelrecht abgemäht, wo die Leute es nicht vorziehen, ihr Vieh unmittelbar auf ihnen weiden zu lassen. Also noch jetzt, wie zu Claus Magnus' Zeiten.

Was aber hier Folge von Dürftigkeit ist, würde nördlicher nicht allein Überfluß, sondern jenseits des sechzigsten Grades als unerlaubte Verschwendung angesehen werden. Denn Stroh ist dort, wie das Korn, eine edle Gabe des Himmels, zur Nahrung für Mensch und Vieh; — und Stroh auf dem Dache ist dem Bewohner von Norwegen ein Anblick, wie den Bauern in Deutschland ein Dach von Brotkuchen sein müßte."

Die Nahrung der Landbewohner ist in Norwegen immerhin noch sehr einfach. Sie besteht hauptsächlich aus Mehl, sei es gekocht oder als Grütze, oder als Brot, ferner aus Kartoffeln, gesalzenen Heringen und viel Milch, aber wenig Fleisch. Das

---

*) Vergleiche das Bild: Touristengruppe in Rødsheim (Abb. 47).

Abb. 25. Mädchen von Hardanger.

alte, landesübliche Brot bestand aus großen Scheiben von 60—80 cm Durchmesser und nicht dicker als Kartonpapier. Es hieß Flabbrod, wurde für längere Zeit in Vorrat gebacken und mußte fest und hart sein, um sich länger halten zu können.

Da bei der weiten Zerstreuung der Bevölkerung die Gewerbe der Müller und Bäcker nicht bestehen konnten, mußte das Getreide in jedem Hause auf Handmühlen in ziemlich unvollkommener Art gemahlen und ebenfalls zu Hause gebacken werden. Fremden sagte diese Kost niemals zu. Glücklicherweise verschwindet dieses Brot in den Städten ganz und verliert sich, wie die letzten Volkstrachten, in die entlegenen Thäler.

Der allgemeine Trieb nach Bildung ist erstaunlich und das ist um so mehr anzuerkennen, als vielfach auf dem Lande die Gelegenheit, etwas zu lernen, durch die großen Entfernungen beträchtlich erschwert wird. Der Unterricht ist vom achten bis fünfzehnten Jahre (Konfirmation) obligatorisch. Volksschulen sind im ganzen Lande verteilt, sind aber fest, an einem Orte, nur, wo die Bevölkerung dicht genug ist, sonst müssen Wanderschulen in den einsameren Gegenden aushelfen, und jedes Landkind muß jährlich wenigstens neun bis zwölf Wochen die Schule besuchen, wobei auf Nachhilfe in der Familie gerechnet wird. Auf solche Weise wird aber die elementare Bildung über das ganze Land verbreitet, und das Interesse an der allgemeinen Weiterbildung gibt sich auch durch die weite Verbreitung der Tagesblätter kund.

Das ganze Volk bekennt sich, bis auf wenige Tausende, zur lutherischen Kirche, die hier als die Staatskirche unter sechs Bischöfen steht; doch ist freie Religionsübung jedermann gewährleistet. Indessen müssen alle Staatsbeamten nach dem Gesetz vom 12. März 1878 lutherischer Konfession sein. Von der Gesamtbevölkerung von 1 988 674 Seelen im Jahre 1891 gehörten 1 970 232 zur lutherischen Staatskirche.

„Die Geistlichen Norwegens," sagt Paßarge, „hängen mit einer rührenden Pietät an dem Vaterlande Luthers, sie verfolgen die religiösen Bewegungen in Deutschland mit weit größerem Interesse als wir selber. Man schickt gern die Töchter auf ein Jahr oder länger nach dem außerpreußischen Deutschland: nach Dresden, Gotha, Leipzig." Auch sonst sind die Beziehungen mit Deutschland, namentlich in den verschiedenen Gebieten der Kunst, der Malerei, Musik, schönen Litteratur ꝛc. sehr lebhaft. Viele der jungen Künstler studieren mit Staatsunterstützung in Deutschland. Maler wie Tideman, Grahl, Gude haben Weltruf; ebenso ihre großen Dichter, die wie Björnsen und Ibsen vielfach auch in Deutschland lebten.

Henrik Wergeland, der als ihr größter Lyriker gilt, ist 1845 in Kristiania gestorben. Neben den Künsten zeichnen sich auch die Norweger durch ihre Leistungen in der Wissenschaft aus. Die Vertreter der Naturwissenschaften, der Geologie, Botanik, Mineralogie, Zoologie haben Weltruf. Auch die Altertumsforscher und Geschichtsforscher stehen ihnen nicht nach. Als geographische Entdecker und Erforscher haben sie sich besonders in den polaren Meeren ausgezeichnet, allen voran Fridtjof Nansen.

So zeigt sich auch auf dem Felde der geistigen Arbeiten die Tüchtigkeit des Volkes und steht hinter keinem anderen in der Wertschätzung einer höheren Kultur zurück.

Einen Feudaladel, wie im Mittelalter im übrigen Europa, hat es in Norwegen nicht gegeben, und auch die Versuche der dänischen Könige haben nach dieser Richtung keinen Erfolg gehabt. Es gibt also auch keine Adelsvorrechte, ebensowenig hat Leibeigenschaft bestanden; doch gab es vor Einführung des Christentums, also vor 1000 n. Chr., noch eine Art Sklaven, die sogenannten Haussklaven. Diese Einrichtung verschwand indes mit dem XII. Jahrhundert. Um dieselbe Zeit wurde der Zehnten für die Kirche eingeführt und unter Bischof, Geistlichkeit, Kirche und Arme geteilt; aber in diesem Jahrhundert ist der Zehnten abgeschafft.

Nach der Bewirtschaftung des Bodens oder nach den Haupterwerbsquellen zerfällt das Land in drei Regionen: 1. Acker- und Waldregion im Südosten, 2. Viehzuchtregion auf den Fjelden, 3. Fischereiregion an der West- und Nordküste.

Das meiste Ackerland liegt im Südosten des Landes, in dem Dreieck zwischen dem Stenfjord, Hamar am Mjössee und Fredrikshald. Dieses Gebiet bildet zwar nur den zwölften Teil von ganz Norwegen, besitzt aber beinahe die Hälfte des ganzen Ackerlandes und ein Drittel der Bevölkerung. Und doch beträgt auch in den besten Ämtern das Ackerland kaum 6% der Bodenfläche, während der Wald 54—60% einnimmt. Die Küstengegenden haben viel Regen und müssen daher drainiert werden, die Thäler der Ostseite, im Regenschatten, müssen dagegen künstlich bewässert werden. Oft ist zu dem Zwecke das Wasser stundenweit hergeleitet.

Solange Norwegen noch von Dänemark abhing, also bis in den Anfang des XIX. Jahrhunderts, versorgte Dänemark das Land mit Getreide. Als aber 1807 englische Schiffe das Land absperrten, begann man in Norwegen selbst mehr Getreide zu bauen (Abb. 31—36).

Der neue Aufschwung des Ackerbaues läßt sich vom Jahre 1840 an nachweisen. Man baut alle unsere Getreide und Kartoffeln. Auffällig ist immer der große Ertrag der Kartoffelernte.

Der Ertrag an Getreide deckt nur etwa die Hälfte des Bedarfs, so daß jährlich noch etwa für 40 Millionen Mark Getreide eingeführt werden muß. Nur die südlichen Distrikte können ihren Bedarf decken und haben sogar noch einen Überschuß.

Die letzte Zählung der Haustiere geschah in Norwegen 1891: danach gab es 151000 Pferde, 1 Million Rinder, 1²/₅ Million Schafe, 273 000 Ziegen, 121 000 Schweine und im Norden 168 000 Renntiere. Die Pferde sind klein, aber ausdauernd. Auch das Rindvieh ist von einer kleinen Rasse und gibt wenig Fleisch. Dagegen sind die Schafe im Süden stark in Wolle und Fleisch. An der Küste von Stavanger und weiter nordwärts auf den Inseln bis zur Lofotgruppe läßt man sie im Winter draußen weiden, wo sie sich von Heide und Seetang nähren.

Abb. 37. Brauttracht von Sogne.

Peter Daß (vgl. weiter unten) schildert in seiner Nordlandstrompete das Leben der Schafe auf Röst, der südlichsten lofotischen Insel:

Das Herrlichste doch, was Röst wiederfuhr,
Ist das reiche Gras, ein Geschenk der Natur,
  Den weidenden Schafen zum frommen.
Sie gehen dort wild, das ganze Jahr
Ohn' Hütung und Futter und ohne Gefahr,
  Auf den Bergen zu schaben zu kommen.
Doch sind die Bestien sehr reich an Woll'
Und haben die Leiber vom Sped sehr voll,
  Und das Fleisch ganz mit Fette durchwachsen,
Im Winter tummeln sie sich im Schnee,
So schmuck und so rein, wie im schönsten Klee
  Von der Nase bis zu den Klauen.
Schallschur ist um Kreuzmess' am dritten Mai,
Da gibt es mehr Wolle als Geschrei,
  Was alle, die's kennen, bestät'gen.

Über die Viehfütterung in Tromsö heißt es:

Dort besitzt der Fischer nur eine Kuh,
Die ihn oft begrüßt mit freudigem Muh,
  Obwohl sie nichts anders ihr geben,
Als Tang und sonstiges Seegewächs
Mit Trestern von Thran und als Annex
  Dorschköpfe; ein prächtiges Leben!
Das ganze heißet man Humad (Viehfutter) hier,
Und die Köpfe sind Delikatessen schier,
  Mit Weiden zusammengebunden.
Doch Grugge nennt man den herrlichen Schatz,
Der im kupfernen Kessel als Bodensatz
  Nach dem Schmelzen des Thranes gefunden.
Ein Grapen mit Wasser, gehängt an die Stang',
Darin Fischköpfe, gemischt mit Tang,
  Und Grugge, zusammengeschratzt,
Das gießt man in Balzen und gibt's der Kuh
Am Morgen und Abend, die frißt's im Nu,
  So daß ihr der Bauch fast platzet.

Die also gefütterten Kühe sehn
Viel fetter aus, als alle, die gehn
  Auf Weiden; und auch das Euter
Ist immer sehr voll und wie geleckt,
Nur daß die Milch etwas salzig schmeckt,
  Das freilich sagt kein Gescheuter.
Auch bemerke ich noch, was ein Stall hier ist,
Kaum mehr als einen Kubikfaden mißt,
  Und die Kuh steht still in der Mitte. —

Eine wichtige Nahrungsquelle bietet die Waldwirtschaft. Es ist bereits bemerkt, daß der Wald einen Flächenraum von 66000 qkm einnimmt; davon liegt ein gutes Drittel in der Diöcese Kristiania-Hamar. Große Strecken des Landes haben wenig Wald oder sind schon entwaldet. Das Gebiet von Stavanger ist am wenigsten mit Wald versehen und leidet bereits Mangel, so daß die Bewohner ihren Holzbedarf meist aus anderen Landesteilen holen müssen. Die Seeküsten vom südlichen Bergen sind bereits von Wald entblößt, ebenso in Romsdal und auf den Lofotinseln. Hier brennt man überall Torf. Das Holz, hauptsächlich Kiefern (73%) und Tannen, wächst langsam, hat also enge Jahresringe und ist daher geschätzt.

Seit Anfang des XIV. Jahrhunderts, als der Handel der niederländischen und hanseatischen Städte sich mehr entwickelte, wurde das Holz ein Handelsartikel. Schon seit 1857 wurde eine ordentliche Forstverwaltung eingeführt, und seit 1870 verwendet der Staat sogar eine jährliche Summe von 70000 Mark zum Ankauf von Wäldern.

Abb. 30. Schafe auf den Dächern nach Claus Magnus, 1555.

Holzhandel 39

Abb. 31. In der Ernte.
Nach einer Photographie von Wilh. Dreesen in Flensburg.

Wie im Anfange des XIX. Jahrhunderts der Holzhandel betrieben wurde, davon hat uns Leopold von Buch ein recht anschauliches Bild aus Kristiania geliefert. Im Winter kamen unzählige Schlitten mit Brettern von den Höhen herab und fuhren nach der großen Bretter- und Ballenablage. Alles drängte sich auf diesem großen Platze zusammen, der den ganzen Raum gegen das Wasser hin zwischen der Stadt und der Vorstadt Waterland ausfüllte und der sich so weit gegen das Ende des Meerbusens hinzog, daß die Schiffe fast unmittelbar die aufgesetzten Planken berührten. Am Ende des Winters wurde aus der ganzen Ablage eine förmliche Bretterstadt, in deren Straßen und Gassen man sich verirren konnte. Solange Schnee lag, schafften die Bauern immer mehr Holz herbei. Waren dann die Bretter den Aufsehern abgeliefert, so schrieben diese den Bauern mit Kreide große Zeichen und Zahlen auf den Rücken, woraus der Holzhändler den Ort, woher das Holz kam und die Anzahl der Bretter ersehen konnte: „Da sieht es nun," schreibt von Buch, „ganz wunderbar aus, wie jetzt die Bauern mit diesem ganz originellen Wechsel auf dem Rücken, so eilig sie können, nach dem Kontor der Großhändler fortlaufen. Jeder Aufenthalt oder jedes andere Geschäft könnte die Zeichen auf dem Rock in die Gefahr des Verwischens bringen; und dann hätten sie den Beweis ihrer Schuldforderung unwiderbringlich verloren. Kommen sie zum Kassierer, so haben sie nie ein Wort zu sagen nötig. Sie präsentieren den Rücken, und sie werden sogleich ohne Widerrede bezahlt. Und die Bürste, mit welcher der Kassierer über den Rücken hinfährt, ist die Quittung des Bauern."

Das Holzfällen ist in Norwegen wegen der großen Entfernung des Waldes von den Wohnungen mühsam und wegen der Unzugänglichkeit und Steilheit der Gehänge gefährlich. Die weiten Entfernungen überwindet man am besten, soweit das Gebirge es gestattet, auf Schneeschuhen (sogenannten Ski). Zu Thal und an die See transportiert man das Holz auch meist im Winter zu Schlitten, da bei den zahlreichen Stromschnellen und Wasserfällen nur wenige

Flüsse das Flößen des Holzes gestatten (Abb. 37). Die Hauptausfuhr geschieht von den Häfen der Südküste und zwar von der schwedischen Grenze bis zum Skiensfjord, westlich vom Kristianiafjord, von hier kommt etwa 78% der gesamten Holzausfuhr, und diese belief sich, dem Werte nach, an Holz und Holzwaren im Jahre 1896 auf nahezu 62 Millionen Mark.

überhaupt zurück. Nur Nickel soll zum Schluß noch erwähnt werden, wofür Norwegen ein Hauptproduktionsland ist. Das einzige Werk liegt in Ringerike und lieferte 1894 103 Tonnen Nickel im Werte von 265 000 Mark.

Weit bedeutender ist die Fischerei. Die Seefischerei gehört zu den wichtigsten Erwerbsquellen des Landes, wenn sie auch nicht mehr, wie in früheren Jahrhunderten, an erster Stelle steht. Im früheren Mittelalter bot die Fischerei fast allein die Existenzmittel des Volkes; denn erst nach dem Jahre 1000 n. Chr. traten noch Ackerbau und Viehzucht hinzu. Die Hauptfischereien liegen im Nordlande und in Romsdalen, die größten Familien des Landes leiten aus dieser Gegend ihren Ursprung her (Abb. 38).

Die wichtigsten Seefische sind Hering und Kabliau. Der Kabliau findet sich in großen Mengen nur an gewissen Küstenstrichen, aber in allen Fjorden. Man fängt den Kabliau mit 200 m langen Bleileinen, mit Grundleinen und mit Netzen von 40 m Länge und 4 m Tiefe. An einer Leine befinden sich 120 Angeln. Die Netze umspannen 700—800 m. Der Fisch fängt sich dann in den Maschen. In jedem Garn fängt man durch-

Abb. 32. Landleute im Östersdal.

Der Bergbau hat für Norwegen nicht die Bedeutung wie für Schweden. Norwegen ist an Metallen viel ärmer als das Nachbarland. Im Jahre 1623 wurden die Gruben in Kongsberg westlich von Drammen auf Silber eröffnet; aber der Bergbau war nicht immer von Erfolg gekrönt. 1894 waren in Kongsberg nur noch 318 Bergleute beschäftigt. Wichtiger als Silber ist Kupfer, wofür Noraas das bedeutendste Werk ist. Andere Metalle treten gegen Silber und Kupfer zurück. Aber die Erträgnisse des Bergbaues gehen

schnittlich 600—800 Fische an einem Tage. Zwischen den Fischern mit Leinen und Netzen wird die See geteilt durch Beamte, die vom Lande aus die einzelnen Striche nach dem Kompaß abteilen. Alle Fischer werfen dann ihre Netze zu gleicher Zeit aus. Der Jahresfang bezifferte sich auf 63½ Millionen Kabliau im Werte von fast 16 Millionen Mark.

Der Hering ist an der ganzen norwegischen Küste verbreitet, besonders aber an der ganzen Westseite bis hinauf zur Lofotgruppe, aber der Fang ist nicht so gleichmäßig wie beim Kabliau; auch ist der Hering erst viel später zu einem wichtigen Handelsartikel geworden. Man unterscheidet den Fang des Winterherings (Vollhering) in den ersten Monaten des Jahres und des Sommerherings im Sommer und Herbst. Den Winterhering fängt man besonders an der Südwestküste des Landes zwischen Lindesnäs und dem Vorgebirge Stad. Im Jahre 1886 war der Fang namentlich bei Bergen ungewöhnlich reich.

Das Küsten- oder Bankwasser, in dem die Tiere laichen, muß einen Salzgehalt von 32—33 vom Tausend haben. Wenn nun aus der Ostsee leichteres, weniger salziges Wasser im Frühjahr vordringt, dann verschwindet der Hering. Westwinde halten dagegen das Salzwasser an der Küste, aber Süd- und Ostwinde bringen das leichtere Ostseewasser mit; demnach üben sogar die Winde einen Einfluß auf den Fischreichtum, besonders aber, wenn das kalte und salz-

Abb. 38. Landleute im Sætersdal.

Oft aber ist in früheren Jahrhunderten der Hering jahrelang ganz ausgeblieben, so zwischen 1567 und 1644, 1650 und 1654. In der Gegend nördlich von Stavanger blieb der Hering von 1784--1800 ganz aus, dafür erschien der Kabliau. Als der Hering wiederkam, blieb der Kabliau weg. Seit 1869 ist der Hering wieder dem Dorsch gewichen (Abb. 39). Die Ursache dieser bisher rätselhaften Erscheinung liegt in der Temperatur und dem Salzgehalt des Küstenwassers, in dem die Fische laichen. Die Laichzeit fällt in die drei ersten Monate des Jahres, vom Januar bis März, wo sich die Fischschwärme in förmlichen „Heringsbergen" an die Küste drängen.

arme Ostseewasser nicht bloß die Oberfläche, sondern auch die Tiefe einnimmt. Das kalte Wasser bringt aber nicht bloß bis in den Kristianiafjord, sondern noch weiter an der Westseite vor, und erreicht die wichtigsten Fangplätze bei den Inseln Utsire und Rövär zwischen Stavanger und Bergen. Daraus lassen sich dann die ungewöhnlichen Störungen in dem Erscheinen der Fischschwärme erklären (nach G. Schott). Man fängt den Hering in 20—25 m langen, 4 m tiefen Netzen, von denen auch mehrere aneinander geknüpft werden, die man abends auswirft und morgens wieder einzieht. Man kann darin bis zu 20 Tonnen (= 139 Liter) auf einmal fangen. Auf eine Tonne rechnet man 480 Fische, ihr Wert beträgt etwa 12 Mark. In den Jahren von 1883—1893 belief sich der Ertrag der Heringsfischerei auf durchschnittlich sieben Millionen Mark. Der Sommerhering oder Fetthering eignet sich im August und September am besten zum Einsalzen, und Bergen ist dafür der Hauptmarkt.

Außer Kabliau und Heringen werden im Süden von der schwedischen Grenze bis nach Bergen Sprotten gefangen und weiter nordwärts bis nach Drontheim Makrelen. Der Fang geschieht während des Sommers im offenen Meere. Die Fische werden in Eis verpackt oder frisch gegessen; dagegen werden die kleinen Sild (Sild ist der norwegische Ausdruck für Hering) in Blechbüchsen eingemacht und gehen ins Ausland.

Noch weiter nordwärts als die Makrelen trifft man bis zum Polarkreise in den Küstengewässern den Hummer an, von dem jährlich gegen 1 1/2 Millionen Stück versandt werden. Da der Fang leicht und bequem ist, so überläßt man ihn meistens den alten und armen Fischern.

Endlich verdient noch die Lachsfischerei erwähnt zu werden, da sie dem Lande namhafte Summen für die Verpachtung der Gewässer einbringt. Lachsfischerei ist nämlich ein Lieblingssport reicher Engländer, die oft den ganzen Sommer lang sich diesem Vergnügen hingeben. Die besten Stellen in den Flüssen sind diejenigen, wo sie einen Wasserfall bilden. Solche Stellen in Flüssen sind auf Jahre im voraus verpachtet. „Der Sport fängt erst an, nachdem der Lachs angebissen hat. Wollte man ihn nun einfach aus dem Wasser ziehen, so würde die Angelschnur unter den heftigen Bewegungen des mächtigen Fisches zerreißen. Deshalb kommt alles darauf an, den Fisch durch stetes Anziehen und Nachgeben der Angel zu ermatten, daß er schließlich nicht mehr um sich schlägt und ohne Gefahr „gelandet" werden kann" (Gußfeldt). Der Lachs wird teils in Eis verpackt und geht nach England; oder er wird geräuchert und wird dann nach Dänemark und Deutschland versandt.

Die Geschichte des norwegischen Handels ist in mehreren Jahrhunderten auch eine Leidensgeschichte. Im Mittelalter blühte der Handel fast ausschließlich in Bergen (Abb. 40, sowie 7 und 8), aber unter fremdem, unter deutschem Einflusse. Als dann im XVII. Jahrhundert der Holzhandel sich immer mehr entwickelte und an geeigneten Küstenpunkten kleine Städte entstanden, hatten diese unter dem seit 1660, unter König Friedrich III. (1648—1670) eingeführten Absolutismus viel durch willkürliche, thörichte Maßregeln zu leiden. Die Regierung bildete sich ein, die Entwickelung der Städte nach ihrem Belieben regeln zu können. So erhielten die Bürger von Bragernäs (das heutige Drammen), von Moß am Kristianiafjord und von Soon den Befehl, sich in der 1624 von Christian IV. gegründeten Stadt Kristiania niederzulassen. Ebenso sollte Stavanger, eine Stadt, die schon im Mittelalter bestand, durch einen Federstrich vernichtet werden. Sie wurde von der Liste der Handelsstädte gestrichen und erhielt den Befehl, Kristiania mit gründen zu helfen. Kristiansund und Molde, die sich vom Fischfang nährten, wurden zu gunsten Drontheims unterdrückt. Dergleichen Gebote und Verordnungen wurden zwar von den Bürgern der genannten Städte meistens nicht befolgt, aber sie hemmten doch entschieden den Aufschwung. Der Handel blieb noch

Abb. 31. Gruppe aus dem Sätersdal

in fremden Händen, namentlich der Hamburger und dann der Holländer, so daß die Norweger selbst nur wenig Schiffe besaßen, also auch keinen aktiven Seehandel treiben konnten und vollständig von Dänemark abhingen. Das dauerte bis in die Mitte des XVIII. Jahrhunderts. Dann kamen die besonders ergiebigen Fischjahre von 1750—1760, und man begann den reichen Ertrag nach Südeuropa auszuführen. Der Handel entwickelte sich dann während des nordamerikanischen Freiheitskrieges (1776—1783) weiter, und während der französischen Revolution wurden auch alle Monopole beseitigt. Aber der Anfang des XIX. Jahrhunderts vernichtete diese hoffnungsvolle Blüte. Norwegen mußte, nach einem Beschluß des Tilsiter Friedens, zusammen mit Dänemark der gegen England gerichteten Kontinentalsperre beitreten und verlor seine Flotte, die, gleich der dänischen, von den Engländern vernichtet wurde. Dem Hunger preisgegeben, weil kein Getreide ins Land kam, seiner Hilfsquellen beraubt und verarmt — so war das Land vor seiner Vereinigung mit Schweden heruntergebracht. Ein neuer Aufschwung begann erst leise seit 1823 und dann kräftiger seit 1850. Wie der Handel in den letzten 50 Jahren gestiegen ist, mag folgende kleine Übersicht zeigen:

Abb. 33. Landleute von Hardanger.

1850—1855 Einfuhr 56 Millionen Mark.
1871—1874 „ 175 „ „
1881 „ 185 „ „
1891 „ 251 „ „
1896 „ 270 „ „

1850—1855 Ausfuhr 49 Millionen Mark.
1871—1874 „ 118 „ „
1881 „ 136 „ „
1891 „ 146 „ „
1896 „ 167 „ „

Der Hauptverkehr geht nach den Nachbarländern Großbritannien, Deutschland, Dänemark, Schweden und Rußland. Eingeführt werden vor allem Getreide, Webstoffe und Kolonialwaren, ausgeführt dagegen Fische, Holz und Holzwaren.

Diesem lebhaften Handel dient eine verhältnismäßig sehr große Handelsflotte; denn sie ist die viertgrößte auf der ganzen Erde und verglichen mit der Bevölkerung des Landes die größte überhaupt. Den Aufschwung der norwegischen Reederei zeigt folgende Liste:

1767 zählte die Flotte 53000 Tonnen
1815 „ „ „ 148000 „
1855 „ „ „ 435000 „
1874 „ „ „ 1326000 „
1886 „ „ „ 1563000 „

Dann erreichte die Flotte 1893 ihr höchstes Maß mit 1³/₄ Millionen Tonnen, sank aber 1897 auf 1566000 Tonnen zurück. Dieser Rückgang scheint aber nur eine vorübergehende Schwankung gewesen zu sein, denn 1899 erreichte die Flotte 1786372 Tonnen. Das Wachstum erfolgte namentlich seit 1850, wo in England die seit Cromwells Zeiten bestehende Navigationsakte aufgehoben wurde und fremde Schiffe mit fremden Waren in englische Häfen einlaufen durften. Die Zahl der Dampfer ist nicht in demselben Maße wie in anderen Ländern vermehrt, obwohl auch die norwegische Dampferflotte (1899 mit 640347 Tonnen) ansehnlich genannt werden kann. Die ersten norwegischen Dampfer wurden 1827 von der Regierung für den Postdienst angekauft, und Dampfer besorgen die ganze Küstenpost bis nach Tromsö (Abb. 41) und über das Nordkap hinaus nach Vadsö.

In Ansehung der Größe der Bevölkerung besitzt Norwegen weitaus die größte

Handelsflotte. Das große Übergewicht, das Norwegen hier zeigt, rührt daher, daß auch der nur aufs Inland gerichtete Verkehr zum allergrößten Teil sich auf dem Wasser vollzieht. Die Häfen am Skagerrak besitzen die meisten Schiffe, also das Gebiet, das den meisten Wald (Holzausfuhr) und die dichteste Bevölkerung besitzt. Es sind die Städte Kristiania, Drammen, Arendal, dann auch Stavanger und Bergen. Von ganz besonderer Bauart sind die schlanken Nordlandsboote, die noch ganz die Schiffsform wie bei den alten Wikingern zeigen. Auch sind sie meist sehr geschmackvoll angestrichen. Der Norweger benennt auch seine Schiffe gern mit Namen aus der Edda oder aus seiner Heroenzeit.

VI.

Gegenüber dem leichten Seeverkehr hat der Verkehr im Lande selbst, infolge der widerstrebenden Bodengestalt, von jeher mit großen Schwierigkeiten zu kämpfen gehabt; und in Bezug auf die modernsten Verkehrsmittel, die Eisenbahnen, setzt die starre Hochlandsnatur unüberwindliche Schranken. Daher kann Norwegen auch niemals zu einem Eisenbahnnetze gelangen. Nur in den Thälern läßt sich der Bahnbau durchführen. Die älteste, mit englischem Gelde 1851 erbaute Bahn führte von Kristiania nach Eidsvold am Südende des Mjösses. Die wichtigste Linie des Landes ist von Kristiania nach Drontheim, die Länge von 560 km legt der Schnellzug in 17 Stunden zurück. Von Drontheim führt ostwärts auch eine Bahn nach Schweden, aber der größte Teil dieser Bahn liegt nicht in Norwegen. Dagegen führt noch eine zweite Linie von Kristiania nordwärts durch Gudbrandsdalen, ohne indes die Küste zu erreichen. Außerdem ist Kristiania mit den Hauptstädten Schwedens, mit Stockholm und Gotenburg verbunden und sendet noch einen Seitenstrang nach Südwesten zur Küste nach Larvik. Sonst gibt es von Bergen, Stavanger und Kristiansund aus nur kurze Sackbahnen, die keinen weiteren Anschluß haben, also auch nur dem lokalen Verkehr dienen können. Einen günstigeren Aufschwung konnte dagegen der Straßenbau (Abb. 42), selbst im Gebirge und über die Fjelde nehmen. Bis zum Anfange des vorigen Jahrhunderts gab es fast nur Reitwege. Beförderung von Waren geschah fast nur im Winter mittels Schlitten; für Wagen gab es nur die Straßen von Kristiania nach Kongsberg und nach Larvik. Denn der Verkehr bietet zwar in den Thälern weniger Schwierigkeit, wird aber erschwert, sowie man die Thalwände erklimmen muß. Dabei ist man gezwungen, große Umwege zu machen. So beträgt z. B. die gerade Linie zwischen Bergen und Kristiania nur 300 km, die Straßenlänge aber das Doppelte. Erst in den Jahren 1788 und 1789 wurde die große Straße von Drontheim nach Kristiania fertig, ebenso noch am Ende des XVIII. Jahrhunderts die Küstenstraße von Kristiania nach Stavanger und 1804 die nach Bergen. Im Jahre 1824 wurde ein Brücken- und Straßengesetz erlassen und 1851 ein weiteres Gesetz gegeben, wonach die Straßen auf Staatskosten erbaut werden; aber die Gemeinden haben Zuschüsse zu leisten und für die Unterhaltung der Straße zu sorgen, wobei jedem Bauer eine bestimmte durch Pfähle abgegrenzte Strecke zugewiesen wird. In der folgenden Zeit wurden jährlich für den Straßenbau (Abb. 43) 5 bis 6 Millionen Mark ausgegeben, und so besaß schon 1874 das Land 7200 km Hauptstraßen und 13 400 km Kommunalstraßen. Und diese

Abb. 36. Milchmädchen vom Norangsdal.

Abb. 37. Zwischen Eide und Vossevangen (Hardanger).

Straßen sind jetzt bereits bis über den Polarkreis ausgedehnt.

Die Straßen sind gut imstande und sehr geschickt angelegt. Da es sich aber weit mehr um Personenverkehr als um Beförderung von Lasten oder Waren handelt, so hat man auch zwei besondere Arten von leichten Wagen geschaffen, die beide nur zweiräderig sind, aber als Karriol nur für eine Person, als Stoltjärre (d. i. Stuhlkarre) für zwei Personen Platz haben. Die Karriole (Abb. 44) sind aber am meisten im Gebrauch und haben zwischen den hohen Rädern meist einen auf Federn ruhenden Sitz. Der Reisende muß dann selbst die Zügel zu führen verstehen. Doch ist hinter dem Sitz noch ein Brett für das Gepäck angebracht, auf dem der Postjunge (Skydsgutter), der das Gefährt zurückzuschaffen hat, kauernd seinen Platz findet. „Wer sein Pferd gut behandelt, wird in der Station freundlich empfangen. Dann gestattet wohl der Stationshalter die Weiterfahrt ohne die Begleitung eines Skydsguts. Nun erst fühlt der Reisende sich ganz frei... Da kann man anhalten, wo es gefällt, absteigen, nach Pflanzen und Steinen suchen, die Landschaft skizzieren. Das Pferd steht ruhig und grast eine Weile. Wer den Zauber dieser norwegischen Fahrten empfunden hat, mag an Eisenbahnen kaum noch denken" (Abb. 45).

Aber durch die großen Entfernungen, die zurückzulegen sind, kann eine Fahrt mit Karriol doch ermüden. Die Stationen an den Straßen, die zugleich Wirtshäuser sind, liegen nicht in gleichen Abständen, sondern sind bis zu 25 km voneinander entfernt. An der Tafel vor dem Hause steht der Preis für die Fahrt bis zur nächsten Station. Die Taxe für einen Kilometer beträgt 17 Öre, für 10 km also 170 Öre (190 Pfennige) ungerechnet das kleine Trinkgeld für den Postjungen. Ist die Straße nicht zu bergig, so kann man bis zu 10 km in einer Stunde zurücklegen und demnach an den langen Sommertagen wohl 100 km weit fahren. Aber auf die Dauer würde das doch zu sehr ermüden. Man kommt gewöhnlich nicht so weit. Auf den Hauptstraßen gibt es feste Stationen, wo man ohne weiteres Pferde zur Weiterfahrt erhält; auf den Nebenwegen dagegen, wo die Pferde erst von der Weide geholt werden müssen, ist es ratsam, einen Tag vorher zu bestellen. Auf den großen Thalstraßen kann man in neuester Zeit auch bequem, aber langsamer als mit dem Karriol in vierräderigen Wagen mit zwei oder drei Pferden reisen, und die Gasthäuser sind überall den modernen Anforderungen entsprechend eingerichtet. Vor 50 Jahren lagen die Verhältnisse allerdings noch anders. Da meinte Thomas Forester, der 1848 Norwegen bereiste: „In Norwegen sind Gasthäuser selbst auf den Hauptstraßen noch seltene Erscheinungen. Der Beruf eines Gastgebers steht in geringem Ansehen. Das Volk hat sich noch nicht allgemein daran gewöhnt, Gastfreundschaft gegen Fremde zu einer käuflichen Ware zu machen." Es war dem Engländer schmerzlich, berichten zu müssen, daß er auf seiner dreiwöchigen Reise von Arendal bis Bergen nur dreimal Fleisch vorgesetzt bekam.

Aber die gute Sitte wird noch aus alter Zeit beibehalten, daß in den Stationsgasthäusern keinerlei Aufbringlichkeit bemerkt wird. Manchem Reisenden, der an die mitteleuropäische Gasthausbedienung gewöhnt ist, mag die Stille und scheinbare Gleichgültigkeit der Insassen eines Stationshauses dem ankommenden Fremden gegenüber auffallen; aber angenehm berührt es doch, sowie man mit den Landessitten etwas vertraut geworden ist, von keiner Seite belästigt zu werden. Nie wird der Reisende gefragt, ob er etwas zu essen wünscht. Man muß alles bestellen und wird dann ordentlich bedient; aber selbst Abendbrot oder Frühstück wird ohne Bestellung nicht gebracht.

Eine andere Art von Gasthöfen hat der große Aufschwung des Touristenverkehrs geschaffen, Gasthöfe, die nur dem Sommerverkehr dienen (Abb. 46). Diese sind nur aus Holz, aber in einem geschmackvollen Stil gebaut, großräumig mit breiten Treppen und Veranden. In den Speisesälen wird zu bestimmten Tageszeiten serviert, wie es sonst in Europa üblich ist, und die Verpflegung ist gut und nicht teuer.

Eine Eigentümlichkeit des norwegischen Touristenverkehrs ist es, daß auch junge Damen lebhaft sich an den Wanderungen über die Fjelde beteiligen und zwar nicht bloß in Gesellschaft von Herren, sondern auch allein, weil sie sicher sind, daß sie nie, auch in den einsamsten Hochregionen von Jötunheim, auf ihren Fußwanderungen in ungebührlicher Weise belästigt werden. Mit ihrem Ränzlein auf dem Rücken sehen wir sie zum Aufbruch bereit auf dem Bilde Touristengruppe in Rodsheim (Abb. 47). Dieser Ort liegt nördlich vom höchsten Gebirgsgipfel Galdhöpig in Jötunheim in einer Höhe von 550 m über Meeresspiegel.

Bei der großen Ausdehnung des Landes und dem Reichtum an landschaftlichen Schönheiten muß auch eine Beschreibung des Landes sich auf das Wichtigste beschränken und dabei des hübschen Vergleiches sich erinnern, den L. Passarge in dieser Beziehung gemacht hat, wenn er schreibt: „Dem Reisenden in Norwegen geht es wie dem Besucher einer großen Gemäldegalerie; er muß sich damit begnügen, einzelne Bilder zu betrachten und hundert andere, kaum weniger wertvolle zu übergehen." In diesem Sinne möge die nun folgende Schilderung aufgefaßt werden, die entweder — und so namentlich im südlichen Norwegen — den großen Thalzügen folgt oder auf einer Küstenfahrt in alle Seebuchten eindringt und die Darstellung erst jenseits des Nordkaps an der polaren russischen Grenze beschließt.

VII.

In das südliche Norwegen, fast könnte man sagen, zwischen Schweden und Norwegen bringt von Süden her, wie ein Keil, das besonders an der Nordseite tiefe Skagerrat ein. Im Norden verengt es sich, rechts und links von zahllosen Inseln und Klippen umsäumt, zum viel gegliederten Kristianiafjord, der gegen 100 km lang, sich in der Mitte zu einem nur 800 m breiten 15 km langen Sunde zusammenzieht und dann wieder zu einem größeren, inneren Wasserbeden ausweitet, an dessen Nordende die Hauptstadt Kristiania gerade dort liegt, wo der Fjord sich noch einmal zu einem besonders benannten Fjord, dem Bundefjord, umbiegt.

Schon Leopold von Buch hat darauf aufmerksam gemacht, daß der Fjord von Kristiania in seiner ganzen Erstreckung, vom offenen Meere bis zur Stadt eine scharfe Grenze zwischen den jüngeren Gesteinen (Thonschiefer und schwarzem Kalk) und den älteren Gebirgsarten bildet. Alle Inseln gehören den jüngeren Formation an. Allein sobald man das feste Land auf der östlichen Seite betritt, erscheint nie etwas

Abb. 30. Fischmarkt in Bergen.
(Nach einer Photographie von Wilh. Dreesen in Flensburg.)

anderes als Gneis. Dagegen ist auf der westlichen Seite wieder nirgends eine Spur von Gneis zu finden.

Ist man am südlichen Eingange an dem großen Leuchtturm auf Lillefarder (Kleinfarder) vorübergefahren und nähert sich den Ufern, so bemerkt man, daß Klippen und Felsrücken am östlichen Ufer rundliche Formen zeigen (wie vom Gletschereise abgeschliffen) und keinen Baumwuchs tragen. So ist es allenthalben an der äußeren Seekante. Erst wenn man weiter in den Fjord nach Norden vorrückt, treten einzelne Laubgebüsche, meist Birken, dann Nadelbäume auf. Das Land verliert den unwirtlichen starren Charakter der Außenkante; auch einzelne Gehöfte werden sichtbar. Ortschaften erscheinen am Strande; beide Ufer des Fjords, das östliche und westliche, besitzen Eisenbahnen, die auf Kristiania zulaufen.

Nörblich von Aasgaardstrand gabelt sich der Fjord in zwei größere Äste, von denen der westliche sich bis Drammen erstreckt, der östliche bis Kristiania reicht. In dem inneren Becken wird eine regelmäßige Ebbe und Flut nicht mehr bemerkt. Das Land und die Inseln umher sind felsig, hügelig, mit Laubwald und Nadelholz bedeckte Höhen bildend, hinter denen in weiter Ferne noch andere Waldrücken hervorlugen; aber Hochgebirge oder vollends mit Schnee bedeckte Gipfel sucht man hier vergebens. Denn dieser Teil des Landes ist der niedrigste, den Norwegen aufzuweisen hat; und darum ist er auch, ohnehin durch seine südliche Lage klimatisch begünstigt, am dichtesten bewohnt. Darum hat hier auch allein sich eine Großstadt von mehr als 100000 Einwohnern entwickeln können. Die Landschaften sind eher lieblich als großartig zu nennen, die Einförmigkeit der Höhenzüge wird aber durch zahlreiche Gehöfte und Villen belebt. In dem engsten Teile des Sundes, der das nördliche und südliche Becken des Kristianiafjords miteinander verbindet, liegt der freundliche Badeort Drobak (Abb. 2) am Fuß der östlichen Höhen gelagert. Segelschiffe und Dampfer beleben den Wasserspiegel. Der Wald tritt, wo der felsige Grund eine freiere Entwickelung gestattet, von den Höhen herab bis an den Strand vor. Unmittelbar nördlich von Drobak wird durch eine lang gestreckte Berginsel der Sund noch mehr eingeengt. Hier sind auf beiden Seiten des schmalen Fahrwassers Festungswerke angelegt, darunter am östlichen Kanal Oskarsborg, um feindlichen Schiffen den Zugang zur Hauptstadt des Landes zu wehren (Abb. 48).

Der landschaftliche Charakter bleibt sich auch gegen Kristiania hin gleich. Besondere Beleuchtungseffekte bietet ein Sonnenuntergang. Ein solcher ist auf dem Bilde von Baekkelaget aus photographisch aufgenommen (Abb. 49). Der Ort liegt kaum eine Stunde südlich von Kristiania, und vor der Stadt liegen noch zahlreiche, niedrige, bewaldete, zum Teil auch mit Villen besetzte Inseln, hinter denen sich die Sonnenscheibe senkt.

Großartig und anmutig zugleich wird das Landschaftsbild, sowie man sich der Hauptstadt mehr nähert und nun das Häusermeer, hier und da durch Baumgruppen unterbrochen, sich über die niederen felsigen Vorhöhen bis an die ferneren Waldberge ausbreitet. Das königliche Schloß, mehrere Kirchen und die Festung Akerhus am Strande treten besonders hervor. Aus- und einspringende Uferlinien, das Vortreten stumpfer Halbinseln steigern die Mannigfaltigkeit des Bildes von der Wasserseite, besonders da auch neben der Stadt noch kleinere Halbinseln mit Waldhöhen gegen die Mitte des Bildes vorspringen, während Schiffe aller Art das Fjordwasser durchschneiden. Die reizvolle Mischung von See und Land, Fels und Wald, Inseln und Häusergruppen macht das eigenartige Panorama von Kristiania (Abb. 50) aus, das im Hintergrunde von lang gedehnten dicht bewaldeten Bergzügen abgeschlossen wird, aus denen keine Gipfel kühn emporsteigen, die sich höchstens 500 m erheben. Im Mittelalter hieß der Ort Oslo, an der Mündung des Flusses Lo gelegen. König Harald soll ihn um 1050 gegründet haben. Dann wurde er eine Niederlassung der Hansa; aber der Ort entwickelte sich nicht und schien überhaupt verschwinden zu sollen, als die Bewohner 1547 ihre Holzhäuser den Flammen übergaben, um nur den Schweden den Besitz nicht zu gönnen. Und als die wiedererstandene Ansiedelung 1624 zum zweitenmale abbrannte, da trat der dänische

Abb. 20. Fischerdenkmal bei Iconia.
(Nach einer Photographie von Wilh. Dreesen in Flensburg.)

König Kristian IV. mit seinem Befehl ins Mittel, den bisherigen Platz an der Mündung der Loelv zu verlassen und sich an der Nordseite der Festung Akerhus wieder anzubauen. So entstand die neue Stadt Kristiania, die anfangs, wie alle norwegischen Städte von Holz gebaut, aber doch von einer Mauer umschlossen war, gewissermaßen als zu Akerhus gehörig. Die Festungswerke sind erst 1866 niedergelegt und damit begann die rasche Entwickelung. Die Stadt, die 1855 erst 32000 Einwohner zählte, wies 1875 bereits 96000 auf und hat gegenwärtig, 1898, eine Seelenzahl von 200000 bereits überschritten. Der niedrige Felsboden, zwischen dessen abgeschliffenen Rundbuckeln oder -rücken sumpfige Wiesen, Felder und Wald eingebettet waren, bot von Haus aus kein günstiges Gebiet für eine Großstadt. Der Boden wurde zum Teil durch Felssprengungen mühsam eingeebnet; aber das nackte Schiefergestein tritt doch noch hier und da in den Straßen auf, und die ganze neue Stadt ist darum weitläufig und bequem oder regellos angelegt, wirkt aber gerade darum in der Landschaft um so angenehmer.

Das königliche Schloß, mit schöner Reiterstatue des Königs Karl Johann davor, beherrscht das ganze Bild. Vorn am Strande wird rechts von der Garnisonkirche die alte Festung Akerhus sichtbar, die aber ihre Bedeutung verloren hat. Kristiania besitzt seit 1811 eine Universität, ist Sitz der Regierung und des Storthings (Nationalversammlung) und ist gegenwärtig die wichtigste Handelsstadt des Landes.

Von der Landseite her genießt man die schönste Aussicht über Kristiania von der Höhe von Frognersäter, 8 oder 9 km von der Stadt im Nordwesten gelegen. Der Punkt, 400 m über Meer, trug ursprünglich nur eine Sennhütte, bis der 1886 gestorbene Konsul Heftyn sich dort eine Villa baute, originelle alte Holzhäuser aus Hallingdal und Telemarken dort wieder aufrichten ließ und zu Museen für norwegische Hausgeräte einrichtete. Nach dem Tode des Gründers ist das Ganze in den

Abb. 40. An der deutschen Brücke Tostebroggen in Bergen.

Abb. 41. Am Hafen von Tromsö.

Besitz der Stadt übergegangen. Man sieht auf dem beigegebenen Bilde (Abb. 50) über die mit Nadelwald bedeckten Höhen gerade hinab in das hügelige Vorland, in dem sich am Strande die Stadt ausbreitet. Links vom Turm die Festung Akerhus; rechts im Mittelgrunde die Halbinsel Bygdö und dahinter, ziemlich in der Mitte des Bildes der Bundefjord, das letzte nach Süden umgebogene Ende des Kristianiafjords, während wir den Ausgang zum Meere rechts von Bygdö suchen müssen. Eine kleine halbe Stunde weiter und noch 120 m höher gelangt man zur Trygvandshoide, wo der Rundblick noch umfassender und großartiger ist. Der neue bequeme Fahrweg, der über Holmenkollen zum Frognersäter hinaufführt, ist zur Erinnerung an den Besuch des Kaisers Wilhelm II., der diese Straße 1890 zuerst befuhr, Kaiser Wilhelms-Weg genannt. Holmenkoll hat nicht bloß ein Sanatorium, 317 m über Meereshöhe, sondern ist auch ein sehr besuchter Vergnügungsort im Sommer und Winter, wo ein beliebter Sport mit Schneeschuhlaufen getrieben wird.

Im Westen von Kristiania springt die plumpe, aber nicht ungegliederte Halbinsel Bygdö in den Fjord nach Süden vor, etwa 3 km lang und 2 km breit, von Straßen durchzogen und von vielen Landhäusern besetzt. Auf ihr liegt an der Ostseite, also im Angesicht von Kristiania, das Schloß Oskarshall, in dessen Umgebung ebenfalls alte norwegische Holzhäuser, sogar eine alte Stavekirke (Kirche aus Holz)*) 1884 eine neue Aufstellung bekommen haben. Südlich davon liegt an der Bucht Langvid, die sich nach Nordosten gegen Kristiania öffnet, Fredriksborg mit seinen Landhäusern und reizend gelegenen öffentlichen Gärten.

Zur Lage von Kristiania bemerkt Richter, die Wahl des Ortes mache dem geographischen Scharfblicke seines königlichen Gründers alle Ehre. „Da die Wasserscheide des Landes", fährt er fort, „nahe der Westküste verläuft, zieht gegen Südosten eine Schar langer Thäler, welche zwar nicht

* Die Kirche von Hol im Hallingdal, aus dem XIII. Jahrhundert.

gerade knapp bei Kristiania, aber doch in dessen Nähe zusammenlaufen. Da es ferner im Hintergrunde des tiefsten der von Süden her einschneidenden Fjorde liegt, ist es der natürliche Ausgangspunkt für den Verkehr vom Binnenlande nach Süden, also zunächst nach Südschweden und Dänemark und weiter nach Mitteleuropa." In alle diese Thäler, die gegen Kristiania zusammenlaufen, führen von der Hauptstadt aus Eisenbahnen, bei den meisten allerdings nur in dem unteren Teil oder bis dahin, wo auf lang gestreckten Thalseen, wie dem Randsfjord in Hadeland, Spirilsee in Ringerike (Valders), Kröbersee in Hallingdal, Nordsee und Bandassee in Telemarken die Dampfschiffahrt die weitere Förderung eines bequemen Verkehrs übernimmt; nur in den beiden größten, östlichen Thälern des Glom und Laag, dringen die Eisenbahnen weiter vor und überschreiten im Glomthal sogar die Wasserscheide, um Trontheim zu erreichen, die einzige Bahn, die das ganze Land von einem Meer zum anderen vollständig durchschneidet. Bei der dem Verkehr feindlichen Gestaltung des Landes erweisen sich die Beziehungen der Hauptstadt nach allen Richtungen hin als ganz besonders günstig.

Dazu kommt, daß sich die Umgebung Kristianias im weiteren Sinne mehr als irgend ein anderer Teil des Landes zu ausgebreitetem Landbau eignet. Daher treffen wir hier im Südosten des Landes, auf etwa dem achten Teil der Gesamtfläche des ganzen Staates, fast die Hälfte alles Ackerlandes mit beinahe einem Drittel der Bevölkerung von ganz Norwegen an. Von den 25 Städten, die gegenwärtig über 4000 Einwohner zählen, liegen achtzehn in diesem Gebiet, und sechzehn darunter können als Seestädte zugleich bezeichnet werden, während nur zwei, Kongsberg und Hamar, im Binnenlande liegen. So ist denn gegenüber der altnationalen Hauptstadt Trontheim und der von der Hansa gehobenen Stadt Bergen, die aber kein Hinterland besitzt, die dänische Gründung zur Hauptstadt geworden. Bei dem Reichtum des südlichen Landes an Wald treiben alle Städte im weiten Umkreise von Kristiania Holzhandel, Holzindustrie, Schiffbau und Reederei und verdanken diesen Gewerben ihre Blüte. Darum haben auch alle diese Städte ein gleichartiges Aussehen. "Zwischen waldigen Höhen ein stiller Fjord. In ihn mündet ein wasserreicher klarer Fluß, der vielleicht

Abb. 42. Im Hallingdal.

noch mitten in der Stadt eine mächtige donnernde Kaskade bildet. Viele stattliche Segelschiffe liegen da, fast bis an den Wasserfall vorgeschoben. Daneben Barrikaden von Brettern und Balken, mächtige Wehren und Schleusen, Holzgerinne, die das Wasser den Sägemühlen zuführen. Hölzerne Landungsbühnen, reihenweise hölzerne Speicher, rotgelb oder braun angestrichen" (E. Richter).

VIII.

Die lang gestreckten Thäler, die von Norden oder Nordwesten sich gegen das Skagerrak herabziehen, bilden in der Regel auch eine Landschaft für sich mit besonderem Namen, der meistens an dem oberen Laufe der Flüsse haftet. Von Osten nach Westen folgen sie in dieser Reihe aufeinander: Österdal am Glom, Gudbrandsdal am Laag,

Abb. 43. Weg im Bratlandsdal.

Valders am Begna, Hallingdal an der Hallingdalself, Numedal am Laag, Telemarken zwischen der Tin- und Tokselv und endlich das bei Kristiansand ausmündende Sätersdal an der Otterelv. Alle diese Thäler haben meistens da, wo sie aus den Bergen ins Hügelland eintreten, wenigstens einen lang gestreckten See, oft aber auch mehrere.

Wir beginnen mit dem Glomthale, in dem wir das ausgebreitetste Flußsystem des ganzen Landes vor uns haben. Der Fluß entspringt nordöstlich von der hoch gelegenen Bergstadt Roraas am Skarsfjeld, von dem auch die Nid abfließt und auf nördlichem Laufe sich in den Drontheimer Fjord ergießt. In seinem oberen Laufe auf dem Fjeld geht der Glom durch den 696 m hoch gelegenen See Aursund und wendet sich dann südwärts; an dem See leben Lappen mit ihren Renntieren und südlich davon liegt im Seitenthale die höchst gelegene Stadt Norwegens Roraas oder

Roros 628 m über Meer in einer traurigen Gebirgsöde zwischen weiten Torfmooren, die ehemals Seen waren, und unsteten Dünen von blendend weißem Sande, wo kein hochstämmiger Baum, kein Korn mehr gedeiht und durch künstliche Düngung nur mühsam etwas Wiesengras gewonnen wird. Eintönige, niedrige Höhenrücken ohne kräftige Umrisse ziehen in unendliche Weite an dem kleinen Städtchen von 1800 Einwohnern vorüber, das seine Entstehung nur dem Auffinden reicher Kupfererze 1646 verdankte und sich nun mit seinen dunkelbraunen Holzhäusern und grünen Rasendächern um die Kirche gruppiert. „Auch die stillen, schwarz gekleideten Menschen, die Frauen mit schwarzseidener Kapve, einer Art Ringelhäubchen, passen in diese Natur, wo der Sommer meist nur ein frostiger Winter ist und im Winter das Quecksilber in der Thermometersäule gefriert" (Paßarge).

Von Roros an durchzieht die Eisenbahn das ganze Glomthal, bis wo der Fluß sich der Hauptstadt des Landes am meisten nähert. Das ganze Thal ist dünn bevölkert, erst allmählich wird es tiefer und enger. Der Ackerbau nimmt in dem Flußthal innerhalb der ausgedehnten Nadelwälder verhältnismäßig nur wenig Raum ein. Östlich von Kristiania ergießt sich der starke Strom in den 100 m über Meer gelegenen, schmalen, von Norden nach Süden lang gestreckten Cierensee und teilt sich kurz vor der Mündung bei Fredrikstad in zwei Arme. Kurz zuvor bildet er bei der erst 1540 ge-

über 13000 Einwohner. Die alte Stadt liegt am linken Ufer, der neue Hafen am rechten Ufer des Stromes.

Noch 40 km weiter im Südosten liegt, nicht mehr im Gebiet des Glom die südöstlichste Stadt Norwegens unfern der schwedischen Grenze: Fredrikshald an der Mündung der Tistedalselv in den Idefjord. Ihren jetzigen Namen erhielt die Stadt von König Friedrich III. nach der hartnäckigen Belagerung von 1658—1660, worauf dann in den nächsten Jahren südlich vom Flusse

Abb. 44. Karriole im Nærødal.

gründeten Stadt Sarpsborg (4000 Einwohner) einen der mächtigsten Wasserfälle, den 23 m hohen und 36 m breiten Sarpsfos. Ein Flößkanal umgeht den Wassersturz im Südosten und auf diesem Kanal werden die zahlreichen Holzstämme, die vom Glomthale ausgeführt werden, ans Meer befördert. Im Jahre 1897 wurden mehr als fünf Millionen Stämme den Fluß hinab geflößt, das beträgt mehr als ein Drittel der sämtlichen norwegischen Holzausfuhr. Fredrikstad, nahe der Mündung des Glom ist 1570 vom dänischen König Friedrich II. gegründet und zählt

die Veste Fredriksten angelegt wurde. Vor ihren Mauern fiel am 11. November 1718 König Karl XII. von Schweden. Der Ort ist durch einen Denkstein bezeichnet. Auch ist dem König auf der Höhe des Festungsberges, östlich von der eigentlichen Festung, ein Denkmal errichtet. Die Stadt Fredrikshald treibt wie alle norwegischen Städte dieser Gegend einen bedeutenden Holzhandel und zählt gegenwärtig 12000 Einwohner.

Das zweite große Thal, Gudbrandsdal, liegt an dem wichtigsten Nebenflusse des Glom, dem Laag oder Laagenelv und seinen Zuflüssen. Dieser entspringt aus einem

Hochsee am Südabhange des Dovrefjelds, aus dem nach Nordwesten auch die Rauma zum Romsdalsfjord abfließt. Wir haben hier eine der größten Flußgabelungen vor uns, von denen das Hochland von Norwegen durchschnitten ist. Aber während die Rauma etwa 60 km lang ist, mißt der Laag über 300 km. Die Wasserscheide liegt also, wie das schon in der allgemeinen Übersicht ausgesprochen ist, dem Ocean viel näher als dem Skagerrak. Der Quellsee liegt in einem flachen Hochthal. Erst wenn der Laag sich der Vereinigung mit der von rechts kommenden Ottaelv nähert, wird das Flußthal zu einer tiefen großartigen Schlucht. Aber ehe man dahin gelangt, noch nördlich vom 62. Grad n. Br. zweigte sich ehemals bei Dombaas die einzige Straße ab, die den Süden mit Kristiania mit Trontheim verband. Jetzt sind beide Städte auf bequeme Weise durch die Eisenbahn über Roros miteinander verbunden. Die alte Straße führte aber über das rauhe Dovrefjeld und stieg bis 1145 m an, während die neuere sich nur noch bis 990 m erhebt. Die Gebirgswüste des Dovrefjeld (Abb. 51), 60—70 km breit, scheidet das südliche und nördliche Norwegen. Aber die notwendige Landverbindung mit der altnationalen Hauptstadt Trontheim veranlaßte schon im Jahre 1120 den

Abb. 45. Kaiser Wilhelms Karriol (Hardanger).

König Eystein, vier sogenannte Fjeldstuer, Unterkunftshäuser, Hospize für die Reisenden, anzulegen. Die vier Fjeldstuer sind, vom Laagthal aus Fogstuen 990 m, Jerkin 957 m, Königsvold 898 m und Drivstuen 658 m. Die Natur auf dem Fjeld ist so rauh, daß nur zehn Wochen im Hochsommer das Vieh hier oben weiden kann. Das Fjeld ist keine Hochebene, sondern ein Hochland mit breiten flachen Thälern, zwischen denen die lang gezogenen, einförmigen Bergrücken mit Schnee bedeckt sind. Auf dem Thalboden wechseln Moore, Wassertümpel, größere und kleinere meist durch Bäche miteinander verbundene Seen mit Moränen oder vom Eis abgeschliffenen Felsbuckeln, sogenannten Rundhöckern. Außer den Stationshäusern an der Straße gibt es nur höchst selten aus rohen Steinen aufgebaute Alpenhütten. Ein Bergrücken zieht hinter dem anderen unabsehbar, in allen Abstufungen des Lufttons dahin — eine ungeheure Einsamkeit.

Wenn man von Süden nach Norden wandert, steigt links von der Straße bei der Station Jerkin der Snehättan, ein Glimmerschieferberg von 2306 m Höhe, wie ein mächtiger Riese empor. Auf L. von Buch, der im vollen Winter über die Gebirge fuhr,

Abb. 46. Hôtel Dalen Telemarken.

Abb. 47. Touristengruppe in Kongsvold (Dovrefjeld).

machte der Berg, der damals noch für den höchsten in ganz Skandinavien galt, einen bedeutenden Eindruck. „Die große Gestalt", schreibt er, „verliert sich im Nebel über den Schneefeldern, und gegen den Gipfel sieht man wie aus einem tiefen Thale herauf. ... Es ist ein Berg, würdig, dem Monterosa an der Seite zu stehen, dem er auch wirklich, von Wallis aus gesehen, in der Form etwas ähnlich ist."

In den vier genannten Fjeldstuer findet man nicht bloß eine gute Unterkunft, sondern namentlich in Jerkin und Kongsvold eine ausgezeichnete Aufnahme, denn beide Stationen sind für längeren Aufenthalt im Sommer sehr beliebt und werden besonders von Engländern, die der Jagd und dem Fischfang nachgehen, stark besucht. L. Passarge schildert sehr anschaulich eine Fahrt über das Fjeld: „Ich bin auf allen Stationen von Domaas bis Fokstuen weiter bis Jerkin und in die helle Nacht hinein bis Kongsvold gefahren, ohne die Begleitung eines Menschen, der meinen Gedankengang unterbrochen, den Eindruck der tiefsten Einsamkeit gestört hätte. Es gibt in den Alpen und in den anderen Gebirgen nichts, was das Gefühl des Alleinseins so weckte wie das norwegische Fjeld. ... An dem hellen Himmel wurde selbst gegen Mitternacht kein Stern sichtbar, nur die Schneefelder phosphoreszierten im nächtlichen Zwielicht. Es war wie eine Fahrt zur Welt hinaus. — So wäre es denn eine ermüdende Fahrt über das meilenweite Fjeld, wenn es hier keine Luft und kein Licht gäbe. Etwas Erquickenderes ist nicht zu denken als das Atmen auf dieser Höhe, die kein Ende nimmt; nichts glanzvoller als der Niedergang des Tages und die sommerhelle Dämmerung, die selbst um Mitternacht nicht weicht."

Bei Otta, das zwischen dem Laag und der Ottaelv liegt, zweigt sich westwärts die Straße ab, die im Ottathal aufwärts zum Nordfjord führt und die Hochgebirgslandschaften von Jötunheim und Jostedalsbrae im Norden begrenzt. In diesem Thal liegt, etwa 20 km vom Hauptthale entfernt, die alte Kirche von Vaage (Abb. 52), deren älteste Teile aus dem XVII. Jahrhundert stammen. Kanzel und Altar sind mit Holzschnitzwerken verziert. Das westlichste Quellgebiet der Ottaelv liegt im Tyvvand oder Tjuvvand, einem 1004 m hoch gelegenen blauen See, der noch im August mit Eis-

scholen bedeckt ist. Von diesem See führt eine neue Straße in großen Kehren hinab nach Meraak am Geirangerfjord (Abb. 53), vielleicht die großartigste Straßenanlage Norwegens, eine Chaussee von der Breite der Simplonstraße.

Bis nach Brebvangen findet man noch die Häuser hier und da mit Rasen bedeckt. Dann werden weiter abwärts im Thal die Häuser mit Ziegeln oder Schiefer gedeckt. Die Straße läuft nun immer neben dem Flusse hin, der Loena heißt. Beim Städtchen Lillehammer, das seit 1827 besteht, 979 m über Meer liegt und etwa 2000 Einwohner zählt, endigt Gudbrandsdal. Im oberen Thal wird ausschließlich Viehzucht getrieben, im unteren Thal baut man auch Roggen.

Unterhalb Lillehammer ergießt sich der Fluß in den größten norwegischen See, Mjösen oder Mjos, der 100 km lang und bis zu 15 km breit ist und 121 m über Meer liegt. Die Eisenbahn wendet sich unter 61° n. Br. nördlich vom See vom Flusse ab, geht auf der Ostseite um den See herum und berührt dabei die größte Stadt des Gebietes, Hammer (Hamar) 5000 Einwohner, von wo die Bahn ins Glomthal und nach Trontheim abzweigt, und überschreitet das Südende des Sees. Die Ufer des Sees sind unbedeutend, nur im nordwestlichen engeren Teile werden die Berge höher; aber die Ufer und die Ufergelände sind durch zahlreiche, schmucke Gehöfte freundlich belebt (Abb. 54).

Der Abfluß des Sees heißt Vorm. An ihm liegt Eidsvold, wo in dem herrschaftlichen Hof Eidsvoldverk, der jetzt Staatseigentum ist, 1814 die Verfassung des Landes beschlossen wurde. Der 17. Mai, an dem das norwegische Grundgesetz angenommen wurde (1814), ist seitdem der nationale Festtag geworden. — Unterhalb Naes vereinigt sich dann der Vorm mit dem Glom.

Wie Osterdal und Gudbrandsdal zu einem Flußgebiete, dem des Glom, gehören, so gehören die beiden nun folgenden Thallandschaften Valders und Hallingdal zur Drammenelv. Durch Valders strömt die Begna (Bägna), durch Hallingdal die Hallingdalselv. Beide vereinigen sich unterhalb des breiten, viel gegliederten Landsees Tyrifjord und ergießen sich bei

Drammen in einen Seitenast des Kristianiafjord. Die Begna entspringt auf dem Hardangerfjeld aus kleinen Seen an der Paßhöhe von Nystuen, einer Poststation. Jenseits des Passes führt die Straße nach Südwesten über Borgund weiter zum Sognefjord. Die Begna aber erreicht in dem rasch sinkenden Thale, an seinen Höhen vorbei bald den 469 m hoch gelegenen Vaugemjös, an dessen malerischer Südseite Lang liegt, von wo die jetzt im Riesengebirge stehende Stavekirche 1844 durch König Friedrich Wilhelm IV. entführt wurde. Wo der Fluß den See wieder verläßt, liegt Lilo in malerischer Alpenlandschaft. Weiterhin eilt der Fluß durch den schönen Slidrefjordsee und bildet, ehe er den lang ausgedehnten Thalsee Spirill erreicht, bei Feldheim einen sehr malerischen Wasserfall, den Storebrufos. Über den Spirillsee (Abb. 55), eine Flußerweiterung, 24 km lang von mäßigen Nadelwaldbergen auf den Seiten eingerahmt, gehen Dampfschiffe. Bis nahe an das Südende des Sees nach Heen führt von Drammen her die Eisenbahn.

Die Eisenbahn führt von Heen aber noch 10 km weiter ostwärts nach Randsfjord am Südende des Sees mit gleichem Namen, auf dem auch, da er von Süden nach Norden einen langen Thalsee bildet, Dampfer den Verkehr vermitteln. Der Abfluß des Randsfjord bildet den aus zwei Gebirgsströmen entstandenen wichtigsten Zufluß der Begna. Diese beiden Gebirgsströme Dokka und Etna entspringen am 1691 m hohen Skaget und vereinigen sich kurz vor der Einmündung in den Randsfjord. Dieser bedeutende Landsee ist 73 km lang und 1—4 km breit. An Schönheit der landschaftlichen Scenerien steht er dem Spirillsee nach, hat aber viel Anbau und viele Gehöfte an seinen Ufern. Begna und Randselv, der Abfluß des Randsfjord, vereinigen sich bei Honefos, doch wird der berühmte gleichgenannte Wasserfall nur von der Begna gebildet (Abb. 16). Die gewaltige Wassermasse stürzt in mehreren Stufen schäumend abwärts; aber die Umgebung läßt den Gebirgscharakter vollständig vermissen. Von dem Städtchen Honefos an erhält der vereinigte Strom den Namen „der große Fluß" Storelv und ergießt sich in den vierzipfligen Landsee Tyrifjord, aus dem dann die Drammenelv abfließt, in einem schönen Thale südwärts geht und nach manchem Wasserfall Drammen (Abb. 56) erreicht, eine der bedeutenderen Küstenstädte des Landes mit 20 000 Einwohnern. Die Stadt liegt sehr schön auf beiden Seiten des Flusses und besteht eigentlich aus drei verschiedenen Orten: Bragernäs auf der Nordseite, Stromsö auf der Südseite und Tangen im Südosten. Im Holzhandel wurden 1897 beinahe fünf Millionen Stämme versandt.

Die zweite große Thallandschaft, die zum Stromgebiet des Drammenelv zu rechnen ist, ist Hallingdal und die Hallingdalselv die Hauptader der Landschaft. Die Quellen dieses Flusses liegen in kleinen Seen nördlich vom 1993 m hohen Hardanger Jökul. Die Quellregion ist eine furchtbar öde Fjeldlandschaft und heißt Ustadal. Erst vom höchst gelegenen Hofe im Thal, Tufte, 923 m hoch, beginnt ein schlechter Fahrweg und noch 13 km weiter abwärts trifft man bei Hammersböen den Anfang einer guten Straße. Das Thal senkt sich rasch. Thorpe liegt nur noch 310 m hoch und ist berühmt durch seine alte Stavekirche. Von Naes an wird der Fluß für Boote schiffbar und seeartig breit. Von Gulsvik, bis wohin Dampfschiffe gehen, bekommt dieser See dann den Namen Kroberen. Die Landschaft Hallingdal, die am Kroberensee endigt, wird im Norden von Valders, im Westen von Hardanger, im Süden von Numedal begrenzt.

Besonders beachtenswert sind im Hallingdal die eigentümlichen und zum Teil altertümlichen Volkstrachten (Abb. 57 u. 58). Die innere Einrichtung eines Wohnzimmers wird auf einem anderen Bilde ersichtlich (Abb. 59).

Abb. 49. Sonnenuntergang am Kristianiafjord.

Südlich von Hallingdal liegt am Logen oder Laugen*) (ein Name, der mehrfach vorkommt) die Landschaft Numedal. Der Fluß entspringt auf den Hardanger Höhen, erweitert sich oft zu Landseen und durchströmt dann das enge Numedal. Hier berührt er die einzige bedeutende Stadt Kongsberg (5500 Einwohner), die sich als Bergwerkstadt entwickelt hat. Fünf Kilometer unterhalb der Stadt bildet der Fluß den 40 m hohen Labrofos (Labrufos),

* Die Schreibweise der Ortsnamen ist in ganz Norwegen sehr schwankend.

tritt dann in die Küstenlandschaft Jarlsberg ein und mündet nach einem Laufe von 60 km, von Kongsberg an gerechnet, bei der Stadt Larvik (Laurvik), einem der bedeutendsten Handelsplätze mit 12000 Einwohnern (Abb. 60). Die Lage der Stadt ist sehr hübsch am Anfange des Larvikfjords. Besonders fallen in dem Landschaftsbilde die prächtigen Buchen auf, die sich zwischen den Häusern erheben; am Ende der Stadt liegt sogar ein schöner sehenswerter Buchenwald (Bogsskov). Südlich von der Stadt liegt am Ausgange des Larvikfjord die ehemalige Festung Frederiksvären.

Weiter gegen Südwesten liegt zwischen der Tin- und Tokelv, den Quellarmen der Skienelv (sprich Schen) die große Landschaft Telemarken (Thelemarken). Diese Landschaft gehört zu den vorzüglichsten Teilen Norwegens; in der Form „die Mark Thele oder Thile" findet Nordenskiöld eine Ähnlichkeit mit dem Namen Thule, der äußersten Insel im hohen Norden, die dem klassischen Altertume bekannt war und die zuerst zur Zeit Alexanders des Großen von einem griechischen Kaufmanne und Astronomen Pytheas aus Massilia (Marseille) erwähnt wurde, die er als noch von Menschen bewohnt beschreibt, aber nicht selbst gesehen hat. Die Insel wird auch in Schillers „Spaziergang" erwähnt mit den Worten:

„Was die äußerste Thule bereiset."

Welche Insel im hohen Norden gemeint ist, läßt sich nicht sicher bestimmen; Island, das früher dafür gehalten wurde, ist es jedenfalls nicht, denn diese Insel wurde erst 1000 Jahre nach Pytheas besiedelt. Die Römer, welche nach der Eroberung Britanniens auch Schottland umsegelten, wollten die Insel Thule in der Ferne gesehen haben. Dann müßte man die Shetlandinsel darunter verstehen. Nach den wenigen darüber erhaltenen Mitteilungen ist die von norwegischen Gelehrten ausgesprochene Vermutung nicht kurzweg abzuweisen, daß das südliche Norwegen, das von den Entdeckern für eine besondere Insel gehalten wurde, gemeint sei; dann wäre der Nachklang des alten Namens in Thelemarken allerdings sehr merkwürdig.

Ähnlich wie Hallingdal ist auch Telemarken noch beachtenswert durch seine alten Volkstrachten. Die Landleute tragen kurze Jacken, von etwas militärischem Schnitt, die mit Silberborte und Reihen kleiner glänzender Knöpfe versehen sind; dunkle, rot besetzte Beinkleider, wollene Strümpfe mit prächtig gewirkten Zwickeln und rote Mützen. Die Jacken der Frauen sind entweder von prahlender Farbe oder prächtig ausgeputzt. Die Röcke dunkel und am Saum mit roter oder gelber wollener Borte besetzt. Der Kopfputz besteht in einem buntfarbigen Tuche, dessen Zipfel auf den Rücken herabhängen. Beide Geschlechter tragen große Vorstecknadeln und Schuhschnallen von Silber. Die Kleidung der Männer erinnert an die Tracht der Tiroler. Auch wird darauf hingewiesen, daß wohl die Tracht der englischen Soldaten unter Marlborough im spanischen Erbfolgekriege als Vorbild gedient habe, da mancher Norweger unter englischen Fahnen Kriegsdienste that.

Der nördliche der beiden Hauptflüsse von Telemarken entspringt ebenfalls auf den Hardanger Höhen südwestlich vom Quellgebiet des Numedaler Laagen und zwar aus einem Hochsee Holmevand unter 60° n. Br., während in gerader nördlicher Richtung ein zweiter Abfluß als Beigelv in den Hardangerfjord mündet. Wir haben hier wieder eine sehr merkwürdige Gabelung der Gewässer vor uns. Der Quellbach tritt dann in den immer noch 858 m hoch gelegenen, verzweigten Mjösvand ein, der zwischen 1500 m hohen Bergen eingebettet liegt. Der Abfluß dieses Sees nach Osten heißt Maanelv und bildet den berühmten Rjukanfos (das heißt rauchender Wasserfall, Abb. 61), in dem die ganze Wassermasse erst einen 20 m hohen und dann den großen 105 m hohen, fast senkrechten Sturz in die enge Thalschlucht macht.

Dann eilt der Fluß durch das tiefe Thal rasch abwärts, während auf seinem Südufer der mächtige Gausta, der höchste Berg im südlichen Norwegen, 1884 m emporsteigt. Der Tinsee, in den sich die Maanelv nun ergießt, liegt nur noch 188 m hoch. Dieser hübsche See ist 34 km lang und 2—3 km breit. Über ihn gehen Dampfer bis zum Südende bei Tinoset. Der Abfluß heißt Tinelv. Diese ergießt sich weiterhin in den Hitterdalsee, nachdem sie vorher noch einen schönen Wasserfall

Abb. 50. Panorama von Kristiania.

Abb. 51. Enebätten auf dem Dovrefjeld.

gebildet hat. Oberhalb des Sees liegt in Hitterdal die größte norwegische Holzkirche aus dem XII. Jahrhundert. Die Giebel der Kirche sind mit Drachenköpfen verziert, die an die Schiffsschnäbel der Wikingerfahrzeuge im frühen Mittelalter erinnern. Vom Hitterdalsee wendet sich der Fluß nach Süden und erreicht bald den 28 km langen Nordsee, den größten, nur 15 m über Meer gelegenen See Telemarkens. An seinem westlichen Ufer liegt Ulefos, der Ausgangspunkt des neuen Schiffahrtskanals, von dem weiterhin noch eingehender gesprochen werden muß. Aus der Nordsee läuft die Stienelv ab, die, um schiffbar gemacht zu werden, bei Loveid (Abb. 62) mit in Felsen gehauenen Schleusen versehen ist. Die See- und Handelsstadt Skien, die schon im XIV. Jahrhundert gegründet worden ist, zählt 10 000 Einwohner. Sie liegt zwar noch 10 km von der See, vom Friersfjord, entfernt; allein sie hat doch einen regen Seeverkehr, auch Dampferverbindungen mit der Hauptstadt. Von Kristiania führt bis hierher auch die Küsteneisenbahn. Skien ist die Geburtsstadt des Dichters Ibsen. Von der Stadt aus führt eine anfangs durch Flußdampfer vermittelte, lebhaft benutzte Verbindung sowohl nach der nordöstlichen Verzweigung des Bullefjords als auch nach dem Hardangerfjord. Diese Verbindung ist erst in den Jahren 1889—1892 hergestellt, als von dem oben erwähnten Ulefos aus der Abfluß des Bandaksees, die Eidselv, durch Schleusenbauten (Abb. 63) fahrbar gemacht wurde. Dieser Kanal vom Nordsee bis zum Bandaksee hat eine Länge von 17 km und muß mehrere bedeutende Wasserfälle umgehen, wobei die Schiffe, die flußaufwärts gehen, durch die Schleusenanlagen um 57 m gehoben werden müssen. Der letzte See, den die Schiffe erreichen können, ist der von hohen Bergen umgebene Bandakvand, der sich gegen das obere, westliche Ende flußartig verengt. Hier liegt in einer reizenden Gebirgslandschaft der Ort Dalen. Dort mündet der Toke-elv in den See, der Abfluß des großen 680 m hoch gelegenen Totaksees. Die große Verkehrsstraße zum Hardangerfjord folgt unterhalb des Totaksees dem Nebenthal der Vinjeelv und steigt so allmählich zu dem Wirtshause von Haukelisäter 940 m empor. Zuvor aber berührt man den kleinen hübschen Voglisee, 763 m, an dessen niedrigen, noch etwas bewaldeten Bergen der Ort Boin oder Botten (Abb. 64) liegt, von dem aus man die weiten einsamen, mit zerstreuten, großen Schneefeldern bedeckten Höhen überschauen kann. Den Charakter des Haukelifjelds mit seinem steinigen, pflanzenarmen Höhenrücken gibt das Bild recht deutlich wieder.

Am Staavand, einem kleinen dreieckigen Hochlandsteich, an dem Haukelisäter liegt, begegnet uns von neuem die Erscheinung der Wasserteilung. Die Straße von Haukelisäter steigt aber, um an den Hardangerfjord zu gelangen, noch bis 1133 m zum Passe Tyreskand empor und führt dann durch eine der großartigsten Gebirgsscenerien über Roldal nach Odde am Hardanger hinab.

Die letzte bedeutende Thallandschaft des südlichen Norwegens liegt an der Otterelv und heißt Sätersdal (Abb. 65). Dieser Name ist bezeichnend und deutet auf starke Besiedelung und dichte bäuerliche Bevölkerung (Abb. 66 und 67). Das Thal ist 230 km lang und beginnt am Meienfjeld, südlich vom Haukelisäter, so daß also alle die letzten großen Thäler ihren Anfang auf den Hardanger Höhen nehmen. Das Otterthal ist am einfachsten gebaut, verzweigt sich unbedeutend, und das Gewässer führt — auch eine Seltenheit in Norwegen — seinen Namen von der Quellregion bis zur Mündung bei Kristianiasand. Wo sich in der Gegend von Breddik die Quellbäche aus kleinen Hochseen sammeln, trifft man jetzt noch die südlichsten Lappenfamilien an. Das Sätersdal ist nur in seinem oberen Teile großartig,*) nimmt aber bald den Charakter eines offenen Mittelgebirges an. Das Landvolk hat noch vielfach seine alten Trachten und Sitten bewahrt. Der untere Teil des Flusses, vom 59. Grad n. Br. südwärts, nimmt einen so wenig durch Wasserfälle oder Stromschnellen gestörten Verlauf, daß bei günstigem Wasserstande schon von Langeid an Dampfschiffe gehen, die dann den schmalen, flußartigen Byglandsfjord der Länge nach durchfahren, worauf dann eine schmalspurige Eisenbahn immer thalabwärts 78 km bis Kristiansand den Fluß bis zur Mündung begleitet. Diese Stadt ist 1641 von Christian IV. gegründet auf einer von Felshöhen umgebenen, fast quadratischen Fläche, in der sich alle Straßen im rechten Winkel schneiden. Südlich von der Stadt liegt hart am Ufer eine ovale Berginsel Odderven (d. i. Spitzinsel), die befestigt ist; außerdem liegt am Hafen noch das kleine

*) Im oberen Thale, 550 m hoch, liegt Bulle, in dessen Nähe der bedeutendste Wasserfall des Thales, der Sarkfos, liegt. Das rauhe Klima erfordert hier noch die Anwendung der Rasendächer. Auch die Tracht der Bauern weicht von der im unteren Thale ab.

Abb. 52. Kirche von Vaage (Gudbrandsdal).

Fort Kristiansholm. Die Stadt zählt 14000 Einwohner und hat eine recht hübsche Umgebung.

Ehe wir diesen südlichen Teil Norwegens verlassen, wollen wir noch eine Küstenfahrt unternehmen und dabei von Kristiania aus alle wichtigeren Städte, die teilweise schon erwähnt sind, noch einmal berühren. Man kann dabei meist im Schutze der Inseln und Schären die Umfahrt vollenden; nur am Kap Lindesnäs

X. Jahrhundert stammendes Wikingerschiff ausgegraben, das die bedeutende Kunst des Schiffsbaues in jenem Jahrhundert zeigt. Im Jahre 1893 wurde ein neues Schiff genau nach dem alten Vorbilde gebaut und bewährte sich bei seiner Fahrt über den Ocean nach New York und Chicago als durchaus seetüchtig. Laurvik 12000 Einwohner, Kragero, Handelsstadt mit 6000 Einwohnern, an einer geschätzten Meeresbucht. Osterrisor mit etwa 4000

Abb. 55. Geirangerfjord.

und an der Küste von Jäderen fehlt dieser Schutz und ist man der Gewalt des offenen Meeres völlig preisgegeben.

Die Reihe der Städte ist nun folgende: Kristiania 207000 Einwohner, Drammen 20000 Einwohner, Horten 9000 Einwohner, Tonsberg 5000 Einwohner, an einer westlichen Ausbuchtung des Kristianiafjords die älteste Stadt des Landes, Sandefjord, 4000 Einwohner, hat Schwefel- und Eisenbäder; in der Nähe finden sich große, aus der Eiszeit stammende Riesentöpfe. Bei Gokstad in der Nähe von Sandefjord wurde 1880 ein aus dem

Einwohnern hat bedeutende Reederei. Arendal, sehr malerisch gelegen, 5000 Einwohner, hat bedeutende Schiffswerften. Kristiansand 14000 Einwohner, Mandal 4000 Einwohner, die südlichste Stadt Norwegens an der Mündung der Mandalselv, zum Teil auf Felseninseln gelegen. Westlich von der Stadt liegt die Südspitze Norwegens, Kap Lindesnäs, unter 57° 57′ 45″ n. Br. Alles Land in Südnorwegen östlich von diesem Kap wird als „Norwegen östlich vom Gebirge", und das Land westlich, bis zum Vorgebirge Stad als „Norwegen westlich vom Gebirge" bezeichnet.

IX.

Das westlich vom Gebirge gelegene Norwegen reicht vom Kap Lindesnäs bis zum Kap Stad, nördlich vom 62. Grad n. Br. und umfaßt die schönen Landschaften an den Fjorden, namentlich dem Bukke- (Boka-), Hardanger-, Sogne- und Nordfjord. Die Küste verläuft von Jäderen ab nach Norden und ist hier am meisten zersplittert; große Inseln sind vom Festlande abgesprengt und tiefe, vielfach verästelte Fjorde bringen, 3000 Einwohnern, am Südende von Jäderen, behält die Küstenlandschaft noch ihren bisherigen Charakter bei: niedriges, bewaldetes Felsenland mit zahllosen Schären und kleineren Inseln, kleine, nicht sehr weit ins Land eindringende Buchten, zahlreiche Ansiedelungen und viele kleine und mittlere Küstenstädte. In der ganzen Küstenlandschaft von Jäderen, von Egersund bis fast nach Stavanger, fehlen auf einer Strecke von 70 km die Schären, Inseln und Fjorde. Aus Jäderen stammt einer der kühnsten

Abb. 34. Der Kjosfos.

meist in östlicher Richtung, tief ins Hochland und bis zum Fuße der höchsten Gebirge und Schneeregionen vor, so daß hier im Gegensatze zwischen den grünen Thälern mit mildem Klima und den furchtbar schroffen, oft senkrechten Abstürzen der über 2000 m sich erhebenden Bergmassen, von denen zahllose Wasserfälle niederstürzen oder Gletscher zu Thal gehen, die großartigsten Hochgebirgslandschaften und Seelandschaften zugleich entstehen, die Norwegen auszeichnen.

Von Kap Lindesnäs bis nach Egersund oder Ekersund, einer Stadt von normannischen Seefahrer, Erik der Rote, der 985 von Island aus die ersten Niederlassungen in Grönland begründet, und dessen Sohn Leif der Glückliche, der als erster Europäer 500 Jahre vor Kolumbus den Atlantischen Ocean durchquerte und zwar von Grönland über die Hebriden nach Norwegen fuhr. Auf dem Heimwege von da nach Grönland zurück, entdeckte er um das Jahr 1000 das Festland von Nordamerika an der Küste Neuschottlands, das in den isländischen Sagen erwähnte gute Weinland. Deshalb wurde ihm 1887 in Boston (Massachusetts) ein Denkmal errichtet mit der Inschrift: Leifr hinn heppi, Eiriks sunr (Leif der Glückliche, Erichs Sohn). Egersund und Stavanger sind durch eine Eisenbahn miteinander verbunden. Stavanger (Abb. 68) gehört zu den bedeutendsten See- und Handelsstädten des Landes und ist eine sehr alte Stadt, sie liegt an der Südseite des breiten Bukkefjords und zählt 26000 Einwohner. Die Stadt hat eine bedeutende Reederei und treibt namentlich Fischhandel. Die Lage der Stadt auf einer Strandebene ist sehr hübsch, das milde Klima unter 59° n. Br. ruft hier in geschützter Lage noch eine kräftige Entfaltung von Laubbäumen hervor.

Der Bukkefjord hat unter allen norwegischen Einbuchtungen den breitesten Ausgang; aber der ganze Golf ist mit vielen bewohnten, größeren Inseln reich besetzt und verzweigt sich auf das mannigfachste nach allen Seiten ins Land hinein. Der merkwürdigste und zugleich längste Ast ist der schmale, östlich von Stavanger 37 km weit vordringende Lysefjord. Es ist der wildeste, großartigste Fjord des südwestlichen Norwegens, mit 1000 m hoch steil abstürzenden Felswänden, an deren Fuße nur selten die Möglichkeit einer Ansiedelung gegeben ist. Der ganze Fjord, der gegen Osten in eine Spitze ausläuft und in der Mitte höchstens 2 km breit ist, erscheint als ein riesiger Bergspalt, in dessen Tiefe das Meer eingedrungen ist.

Am oberen Ende dieses Fjordes ist in früheren Zeiten schon ein auch neuerdings wieder bestätigtes Phänomen beobachtet, das von Vibe genau beschrieben wird. Es gibt dort eine Stelle in der Felswand, des Berges Kjerag, von der die Bewohner erzählen, daß Feuer und Rauch, von gewaltigen Donnerschlägen begleitet, von derselben ausgingen. „An einem finsteren Abend," erzählt er, „hatte ich Gelegenheit, dieses Phänomen zu sehen. Es blies damals ein heftiger, südöstlicher Wind, ohne welchen es sich nicht zeigen soll. Ich hörte zuerst einige Knalle, die allmählich häufiger und stärker wurden; darauf hörte ich ein außerordentlich starkes Krachen und sah einen Lichtstrahl in horizontaler Richtung aus dem Felsen bis etwa zur Mitte des Fjordes fahren, wo er sich auflöste und verschwand.

Dieser Strahl war sehr weiß und stark, verbreitete aber kein Licht um sich her; an der Stelle, wo er aus dem Felsen herausfuhr, war er ganz schmal, wurde

Abb. 69. Der Spiralsee.

Rob. 34. Tromsen.

aber bald darauf beträchtlich breiter, bis er sich wieder zu der ursprünglichen Größe zusammenzog, um aufs neue, wie zum erstenmale, sich auszudehnen und zusammenzuziehen, bis er sich endlich auflöste. Der Strahl schien über 1000 Fuß lang zu sein und ging ganz horizontal über den Fjord etwa in einer Höhe von 2000 Fuß über dem Wasser. Auf den ersten Lichtstrahl folgten noch andere, aber immer kleiner, bis sie ganz aufhörten. Das Krachen aber dauerte so lange, als der Sturm anhielt. Der Strahl kommt aus einer großen Höhlung des Felsens, in der sich einzelne horizontale Risse befinden. Daß der Strahl an einigen Stellen schmal, an anderen breit erschien, mag daher rühren, daß er sich vermutlich während des Hervortretens aus einem horizontalen Risse umdrehte, so daß er bald seine schmale, bald seine breite Seite zeigte." Wahrscheinlich hat die Erscheinung, die zuletzt am 10. November 1897 beobachtet wurde, darin ihren Grund, daß sich die in der Höhlung entwickelten Dünste durch eigene Kraft hinausdrängen.

Einen ähnlichen Charakter wie der Lysefjord haben die weiter nördlich gelegenen, in derselben Richtung verlaufenden Hjösefjord und Sandsfjord, der sich aber gegen Nordosten in zwei Arme gabelt, von denen der südliche, der Hylsfjord, sich mit seinem oberen Ende dem Suledalsee nähert.

Bei allen größeren Fjorden der Westküste treten gleichartige Thal- und Seenbildungen in folgender Art auf: von dem innersten Winkel der Thalspalte eines Fjordes setzt sich zu Lande in der Regel das Thal noch fort. Man befindet sich auf einer Landenge („Eid", eine Bezeichnung, die in vielen Ortsnamen wiederkehrt), die vielfach durch Schuttwälle einer alten Moräne gebildet sind, und erreicht nach Überschreitung derselben bald einen Thalsee von süßem Wasser, der wenig höher liegt, als der Spiegel des Fjordes. Auch jenseits dieses Sees setzt sich das Thal in raschem Anstieg noch fort, bis es häufig an einem Gletscher endigt, aus dem der Fluß hervorbricht, der das Thal durcheilt und auch die Landenge durchschneidet, um in der See zu münden. In diesem Teile Norwegens sind eigentlich nur die Inseln und der Strand bewohnbar.

Von der Natur der Strandebenen und des vorgelagerten Schärenhofes hängt nun die Art der Küstenbesiedelung ab. Die Wohnungen liegen nach H. Wegener an möglichst geschützten Orten und ziehen sich auf flachen Uferstreifen oft meilenlang an ruhigen Sunden neben dem Fahrwasser hin oder bergen sich in muschelförmigen Eintiefungen der Küste. Wo nur irgend zwischen den Felswänden ein für die Augen des Vorüberreisenden winzig kleine Verebnung mit etwas grünem Wiesenboden und ein paar Bäumchen sich findet, da stehen dann auch ein paar Häuser. Am Strande sieht man einige der hübschen Boote; an den Felswänden der Umgebung weiden Ziegen oder Kühe, die durch ihre Winzigkeit erst recht einen Maßstab für die gewaltigen Dimensionen der Landschaftsformen abgeben. Oft liegen aber die Häuser auf völlig kahlen, glatt polierten

Granitfelsen ohne eine Spur von Pflanzen. Das sind Fischerwohnungen, neben denen die zum Trocknen aufgeschichteten Fische (Kabljau) in cylindrischen Haufen mit einem Dache zum Schutze gegen den Regen versehen sind. Die Häuser sind von Holz und nach ein und demselben Muster hergestellt. Man bezieht sie aus den großen Geschäften in den Haupthandelsstädten. Daher fehlte diesen Gebäuden der individuelle Charakter, sie sehen modern und nüchtern aus, machen aber durch ihre Sauberkeit einen angenehmen Eindruck, besonders diejenigen, die den landesüblichen braunroten Anstrich mit weißer Kantung haben.

Wie die einzelnen Häuser von einem Schnitte sind, so bieten auch die Küstenstädte nach ihrer Bauart alle denselben Charakter. K. Vogt meint, sie sähen alle aus, als habe irgend ein großes Kind eine Nürnberger Schachtel mit Häusern zum Aufstellen an dem Orte ausgeleert. „Längs der See finstere Warenhäuser, aus denen weite Luken mit vorspringenden Kranen darüber in das Wasser hinausgähnen (vergl. das Bild von Bergen). Dahinter meist amphitheatralisch sich auftürmend kleine oder größere Holzhäuschen mit vielen, aber kleinen Fenstern, niedrigen Stockwerken und ziemlich steilen Dächern. Nirgends zeigt sich äußerer architektonischer Schmuck."

Das milde Klima an allen Küsten bei vorherrschend warmen Südwestwinden gestattet dieselbe Bauweise bis in den hohen Norden hinaus. Die Holzhäuser sind warm, und der Ölanstrich ist bei der feuchten Luft dringend erforderlich, denn an der Westküste rechnet man gewöhnlich jeden zweiten Tag als einen Regentag; man muß nur bedenken, daß in Bergen die jährliche Regenmenge 1¾ m Höhe erreicht, das heißt dreimal so viel Regen fällt als bei uns in Mitteldeutschland. Aber Fröste sind selten und hindern die Erwerbsthätigkeit zu Lande und auf See in keinem Monate. Das milde Winterklima gestattet sogar noch auf der Lofotgruppe, daß die Schafe auch in den dunklen, sonnenlosen Monaten im Freien

Abb. 54. Hallingdaler Tracht.

bleiben. Die weiche, feuchte Seeluft bestimmt aber auch in Licht und Farben den Eindruck, den die Küstenlandschaften auf den Beschauer machen. Schon bei Bergen sind „Farbe und Beleuchtung zum Entzücken schön". Diese Effekte steigern sich, je weiter man nach Norden fährt. Trefflich hat Wegener die Farben einer Mittelmeerlandschaft den Fjordgestaden Norwegens gegenüber gestellt. „Ich sah die Küsten des westlichen Meeres und die spanischen Sierren an mir vorüberziehen; wie glühte das alles in tiefen Farben: rosenrote oder violette Bergwände über ultramarineblauen Wogen und eine blendende goldene Sonne über dem Ganzen! Und nun hier dieser Gegensatz dazu. Alle Schattierungen sind gedämpft, ein silbernes Grau und Weiß, zartes Grün und mattes feines Blau. Aber welche Weiten hat hier dafür die Landschaft, welche Durchsichtigkeit des Lichts, das überall fließt, ohne daß man es am wolkenverhüllten Himmel auf einen einzigen Quellpunkt zurückführen könnte. Überall Ahnung, Sehnsucht, unermeßliche Fernen. Dort im Süden am Mittelmeer ist die Landschaft Homers, das klare, lichte Reich der griechischen Götter, hier die Welt der Edda."

Nach diesen allgemeinen Betrachtungen kehren wir zur Fortsetzung unserer Küstenfahrt an den Bukkefjord zurück. Nördlich von Stavanger liegt vor dem Ausgange des Fjords eine 30 km lange flache Insel Karmö, die, wie zahlreiche Hünengräber beweisen, schon frühzeitig bewohnt gewesen ist. Auf der Ostseite der Insel, also vom Ocean gleichsam abgewendet, bildet die kleine Stadt Kopervik (Kobbervik) mit 1000

von Karmö gegenüber auf dem Festlande an einem schmalen Sunde. Auf einem Hügel bei der Stadt wurde 1872 zur Erinnerung an den Sieg Harald Harfagrs 872, der zuerst die norwegischen Landschaften zu einem Reiche vereinigte, ein Obelisk errichtet.

Weiter nördlich öffnet sich der erste tief ins Land eindringende Fjord, der Hardanger, der aber im Gegensatz zu den anderen eine entschieden nordöstliche Richtung festhält. Nirgends ist die norwegische Küste mehr zersplittert und die ganze Fest-

Abb. 59. Hallingdaler Wohnzimmer.

Einwohnern den Mittelpunkt der südlichen Heringsfischerei. Die Hauptfangplätze für den Fisch liegen aber westlich von Karmö im offenen Meere bei der kleinen Insel Utsire, die ein Leuchtturm krönt. Hier wird vom Ende Januar bis zum April der Vaarsild (Frühjahrshering) gefangen und zwar in Treibnetzen, aber gegenwärtig schätzt man den weiter nördlich im Romsdalsamte gefangenen Fetthering (Fedsild), Sommerhering mehr. An der Fischerei des Vaarsild nimmt auch die nördlich von Kopervik gelegene Stadt Haugesund, 6000 Einwohner, teil. Sie liegt dem Nordende

landsmasse mehr in große und kleine Inseln aufgelöst, als in der Region der großen Fjorde vom Bukkefjord bis nach Drontheim.

Der Hardanger als der südlichste der großen Seegassen und Bergspalten und daher von den meisten von Süden her kommenden Reisenden am schnellsten zu erreichen, gilt vielfach auch als der schönste norwegische Fjord. Besonders anziehend macht ihn die Verschiedenheit der Landschaftsbilder, in dem man bald freundliche bewohnte Uferstriche mit Wiesen und Wald, auch noch mit Obstbäumen geschmückt antrifft, bald düsterernste senkrechte Felswände mit schäumenden Wasserstürzen sieht. Man hat die Gestalt des über 100 km langen Fjordes mit einem Angelhaken verglichen, dessen nach Süden gerichteter Haken, der Sör- oder Südfjord noch 40 km lang ist und bei Odde in einer Spitze endigt. Zwischen dem Hardanger- und dem Sörfjord springt eine 50 km lange hochgebirgige Halbinsel vor, die im Süden durch einen anderen Ast des Hardangerfjord vom Festlande fast abgeschnürt ist und das mächtige, schneebedeckte Fjeld von Folgefond umfaßt, dessen Kuppen über 1600 m aufragen. Mehrere echte Gletscher steigen von dem Hochland in verschiedene Fjordarme herab. Mitten in die Halbinsel von Folgefond bringt der landschaftlich hervorragende Maurangerfjord ein, an dessen oberem, östlichen Ende der Bondhusbrae (= Bauernshausgletscher, Abb. 69) von dem hohen Fjeld herabkommt und fast den See erreicht. Die Unwirtlichkeit der Ufer macht in Verbindung mit der dürftigen, im Bilde gar nicht hervortretenden Pflanzenwelt den Eindruck des Ganzen sehr ernst und düster. Nördlich vom Maurangerfjord nimmt der Hardanger den Namen Hisfjord an, nach einer kleinen Insel, die darin liegt. Kaiser Wilhelm II. hat diesen Teil mit dem Lago Maggiore verglichen. „Diesem Vergleiche", sagt Gützfeldt, „liegt eine in der Natur begründete Berechtigung zu Grunde. Der Lago Maggiore ist der einzige der großen italienischen Seen, der nicht in Kalk-, sondern in Feldspatgesteine eingebettet ist." Also ähnlich wie in Norwegen. Übrigens haben auch die horizontalen Umrisse, wie man sie auf den Karten erblickt, des Lago Maggiore und Hisfjord samt dem nördlich sich anschließenden Samlenfjord unverkennbare Ähnlichkeit. Je tiefer man in diesen Samlenfjord vorwärts bringt, je enger die

Abb. 60. Lervik.

Felswände zusammenrücken, um so großartiger wird die Landschaft.

Wo aber der äußere Samlenfjord mehrere Ausbuchtungen bildet, dort hat die Landschaft einen freundlichen Charakter und ist dichter bewohnt. Hier betrat Kaiser Wilhelm II. zum erstenmal 1889 den Boden Norwegens. Nicht weit von dem Orte Sandven (ein Name, der mehrfach vorkommt, z. B. südlich von Odde) stürzt sich hier der Esthusfos (das heißt Wasserfall beim obersten Hause, 20 m frei von einer senkrechten Felswand herab, daß man bequem hinter dem Wasserschleier hergehen kann.

Die Volkstracht im Hardanger hat auch noch manches Eigentümliche bewahrt, so bei

Abb. 61. Der Rjukanfos.

den Frauen ein rotes, vorn mit Perlen gesticktes Mieder und eine steife, faltige, leinene Haube; aber außer Sonntags bekommt man dergleichen nicht mehr zu sehen.

Die Fortsetzung des Samlenfjords heißt Utnefjord nach dem Ort Utne. Von diesem Fjord laufen zwei Äste nach Nordosten, im Westen der schmale Gravenfjord, der bei Eide endigt, von wo die vielbesuchte Straße nach Vossevangen führt, und ihm parallel der breite Eidfjord, der am weitesten nach Osten ins Hochland eindringt und wiederum noch zwei kleinere Zweige nach Nordosten sendet. Endlich erstreckt sich vom östlichen Ende des Utnefjord noch der schönste, großartigste Ast des ganzen Harbanger, der Sörfjord (Südfjord) gerade nach Süden und endigt bei Odde, wo die vom Bukkefjord oder aus Säterdal und Telemarken herkommenden Straßen zusammenlaufen. Der 40 km lange Südfjord erscheint eigentlich nur wie ein schmaler Riß oder ein Bergspalt in den Hochlandsmassen, die gewaltig steil in das Wasser abstürzen. Wenn man von einer Höhe im Norden der Länge nach in den Fjord hineinblickt, hat man vollständig den Eindruck eines überschwemmten oder unter Wasser gesetzten Thals. Auf der Folgefondseite setzt sich der ewige Schnee der Höhe mit dem Wasser des Fjords direkt durch Wasserfälle in Verbindung in Gestalt von Gießbächen, Fadenfällen und Schleierkaskaden.

Als schönster Punkt am Sörfjord gilt Ullensvang, berühmt durch die Fruchtbarkeit der Gegend und die üppige Vegetation, so daß hier noch jenseits des 60. Grades Kirschen und Äpfel gedeihen, denn hier friert der Fjord nie zu. Je weiter man nach Süden in das Seethal eindringt, desto großartiger wird die Landschaft, um so mehr macht sie den Eindruck eines Hochgebirges. Wo das Fjordwasser bei Odde (das heißt Spitze) in einer Spitze endigt, haben wir zunächst die ganz normale Bildung von Schwemmland und Moränenschutt, wodurch ein etwa 2 km breiter Damm, eine Landenge (Eid) gebildet ist, hinter der der Sandvensee in der weiteren südlichen Verlängerung des Thales aufgestaut ist, aber bereits 70 m höher liegt als der Fjord. Auf der Landenge liegt die Kirche von Odde mit mehreren zerstreuten Höfen und Hotels. Südlich von Odde liegt an der Westseite des kleinen Sandvensees, auf dem kleine Dampfer nach dem Ausgange des Jordals zum Besuche des Buarbrae führen, die ausgedehnteste Firn- und Gletschermasse des Folgefond, von der Buarbrae (Abb. 70) sich am weitesten herab in das nackte Felsenthal schiebt. Anfänglich ist, vom See aus, das Jordal noch infolge seines milden Klimas reich an Laubbäumen und Getreidefeldern, auch Obst gedeiht. Dann schließen schroffe mit Felstrümmern besäete Gehänge das Thal enger ein, und in einer Höhe von 350 m über Meer erreicht man schon den Fuß des Gletschers, der einen wildschäumenden Bach aus einem gewölbten Gletscherthore (Abb. 71) — eine Seltenheit in Norwegen — entsendet. Der Buarbrae, nach dem Hofe Buar genannt, gilt als der schönste Gletscher des Folgefond, dessen Firnfeld so ebenmäßig ausgebreitet ist, daß man es mit Schlitten befahren kann; auch ist seit

1890 von der Westseite, vom Maurangerfjord her, ein Reitweg auf die Firnfelder hinauf durch den deutschen Nordlandsverein in Hamburg angelegt. Verfolgt man die Straße durchs Thal vom Sandvenſee weiter nach Süden, ſo erreicht man etwa 8—9 km von Sandven die Stelle, wo zwei mächtige Wasserfälle, der Lotefos (Abb. 72) und der Skarsfos von den östlichen Thalwänden herabstürzen und sich unten vereinigen, während gegenüber der Espelandsfos wie ein breiter Schleier herabweht.

Der Eidfjord (Abb. 73), der östlichste Zweig des Hardanger, liegt zwischen steilen Bergen eingebettet, die nur bei Vik und der Kirche von Eidfjord etwas vom Ufer zurücktreten, denn hier setzt sich das Thal noch weiter gegen Süden fort, zuerst in der bekannten Form der aus Anschwemmung und Moränenschutt gebildeten Landenge, sodann als Eidfjordsee, der etwa gleiche Größe und Gestalt wie der Sandven hat und von steilen Felswänden umgeben ist, so daß die am See entlang führende Straße zum Teil in den Felsen gesprengt werden mußte.

Am südlichen Ende des Sees vereinigen sich die Bygbarelv von Süden und die Bjoreia von Osten und haben einen kleinen fruchtbaren Thalboden geschaffen. Will man aber in das Thal der Bjoreia, das Maabodal, vordringen, ſo muß man erſt eine Moräne übersteigen, die den Thalausgang sperrt, und gelangt dann nach längerer mühsamer Wanderung zu einem der berühmtesten norwegischen Wasserfälle, dem Vöringsfos (Abb. 74), der in einem einzigen Sturze 163 m herabfällt, ſo daß man das Getöſe weithin hören kann. Die Scenerie umher ist großartig wild; das Felsenthal ist aus den schroffen Wänden schiefriger, krystallinischer Gesteine gebildet, die fast ohne Pflanzenwuchs nackt emporstarren. Der Gischt des stürzenden Wassers wird durch den Luftdruck wieder hoch emporgetrieben bis zum oberen Felsenrande oder als Nebelstreifen vom Winde verweht und bietet besonders nachmittags großartige Farbenwirkungen.

Der Eidfjord entsendet nach Nordosten noch einen Ast, den Osefjord mit dem kleineren Zweige des Ulvikfjord. Hier liegt Ulvik, ein vielbesuchter Ort, von dem eine gute Straße über Vossevangen zum Sognefjord führt. Auf noch kürzerem Wege gelangt man vom Gravenfjord, dem schon erwähnten nördlichen Zweige des Utnefjord, dahin. Die Gehänge des Gravenfjord sind

Abb. 62. Der Læerdalsoral

weniger steil und daher gut bewaldet, die Scenerie ist lieblicher als an den anderen Buchten, aber auch dieser Fjord wird wieder durch eine Eide, eine Landenge, abgeschlossen, hinter der der Graven liegt, benannt nach dem Orte Graven am Ostufer, wo die Straße von Ulvik her sich mit der vom Gravenfjord auslaufenden vereinigt und weiter nach Nordwesten über eine Paßhöhe von 260 m durch freundliche, bewohnte Landschaften, zum Städtchen Vossevangen führt. In diesem malerischen Thale, dem Skjaervetthale, liegt der hübsche Skjaervetfos, der in Kasladen herabstürzt.

Von Vossevangen kann man entweder in bequemster Weise auf der Eisenbahn nach Bergen gelangen oder nordwärts auf einer guten Straße nach Gudvangen am Sognefjord wandern. Auf diesem Wege berührt man viele Höfe, einige kleine Seen und den schönen Tvindefos. Nachdem man die etwa 300 m hohe Wasserscheide überschritten hat, gelangt man durch die großartige Stahlheimskluft (Abb. 4) nach Gudvangen. Diese Straße ist im Sommer außerordentlich belebt, denn sie verbindet in bequemster Weise die interessantesten Partien an den beiden großen und großartigen Fjorden von Hardanger und Sogne. Es besteht daher der Plan, zwischen Vossevangen und Gudvangen eine elektrische Bahn anzulegen, denn man berührt dabei die berühmte Stahlheimsklev und das in einer Höhe von 342 m gelegene Stahlheimshotel, das wegen seiner großartigen Aussichten in das wilde Naerodal zu den besuchtesten Punkten Norwegens gehört.

Zwischen dem Hardanger- und dem Sognefjord liegt der zersplittertste Teil Norwegens, das Bergenstift. Zwar bringen die Meerfinger, wie man die Fjorde wegen ihrer Schmalheit im Gegensatz zu Meeresarmen genannt hat, nicht so tief ins Hochland ein als die großen genannten Fjorde, aber dafür ist durch zahllose Gliederungen und Abzweigungen der Bergspalten der Festlandszusammenhang fast vollständig aufgehoben und noch nordöstlich von Bergen, also eigentlich schon tief im Binnenland eine große Gebirgsinsel vollständig aus der Grundmasse herausgeschnitten. Am meisten gegliedert erscheint das Land zwischen dem Bjornefjord (Bärenfjord) im Süden und dem Fensfjord im Norden; beide zeichnen sich durch breite Wasserflächen aus.

Das milde Klima, dessen sich die Landschaft trotz einer nördlichen Lage von 60° n. Br. erfreut, findet seinen deutlichsten Ausdruck in dem üppigen, saftigen Grün der Pflanzen, den prächtigen Baumgruppen von Linden, Roßkastanien, Ahornen, Obstbäumen aller Art außer Aprikosen und Pfirsichen, sowie in dem glänzenden Blumenflor der Gärten von Bergen, in denen Maiblümchen, Veilchen, Vergißmeinnicht, Narzissen und andere üppig grünen und blühen.

Bergen (Abb. 75), die zweitgrößte Stadt des Landes, zählt gegenwärtig 70 000 Einwohner und gehört zu den schönsten und originellsten Städten des Landes; mitten in dem Gewirr von Fjorden, Sunden, Felsengassen und Einbuchtungen gelegen, ist sie rings von den felsigen Abstürzen des Küstenlandes umgeben. Im Norden der Byfjord, im Südwesten der Puddefjord, im Rücken gegen das Festland der große Lungegardsee, also fast auf allen Seiten vom Wasser umspült, ist sie auch noch durch eine lange schmale Bucht, den Hafen oder Vaagen, fast vollständig in zwei Teile zerschnitten, so daß die eine Hälfte sich wie ein Finger nach Nordwesten ins Meer erstreckt. Das Bild der Gesamtansicht der Stadt, auf dem man die Stadtanlage wie aus der Vogelperspektive übersieht, ist von dem Florfjeld nordöstlich von der Stadt aufgenommen und zeigt die Halbinsel Nordnäs und davor den von Schiffen belebten Hafen, dahinter aber den Puddefjord. Rechts am Rande des Bildes diesseits des Hafens gehören die größeren Gebäude zu der alten Festung Bergenhus, während mitten auf der Halbinsel Nordnäs gerade hinter der durch weißen Turm kenntlichen Kirche (Nykirke) sich die Gebäude der Festung Frederiksberg erheben. Diesseits des inneren Hafens, wo die meisten Schiffe liegen, läuft am Strande die Straße hin, die noch jetzt den Namen Tydskebryggen (Deutsche Brücke) trägt, zur Erinnerung an die frühere Thätigkeit der Hansa hier. Brygge bedeutet aber in der Landessprache stets eine Anlegebrücke für Fahrzeuge, während Bro vollständig dem deutschen Wort Brücke entspricht. Tydskebryggen bildet den Mittelpunkt des norwegischen Fischhandels und besteht auch noch aus altertümlichen Häusern und Warenlagern, die alle ihre Giebel dem Wasser zukehren und noch immer aus Holz erbaut sind. Der große Fischmarkt liegt gleich daneben; denn Bergen liegt zwischen den beiden großen Fischereigebieten an der westlichen Küste: zwischen der Heringsfischerei im Süden und dem Stockfischbezirk im Norden; es bildet also noch immer den Knotenpunkt für die Vermittelung des Fischhandels vom protestantischen Norwegen nach den katholischen Mittelmeerländern (vgl. Abb. 38 u. 40).

in denen die Könige Norwegens um den Besitz der Stadt rangen. Einen großen Aufschwung brachte aber vor allem die Gründung eines hanseatischen Kontors 1445; aber das zu gunsten des deutschen Handels streng durchgeführte Monopol führte 1559 wieder zu einer Niederlage der Hansa, infolgedessen der hanseatische Handel sich allmählich aus der Stadt zurückzog und das letzte Warenlager 1763 verkaufte. Trotz mancher gefährlicher Brände hat die Stadt noch viel Altertümliches. Der innere Hafen mit seinen eng gedrängten spitzgiebeligen

Abb. 63. Schleusen am Ulefos.

Die feste Masse der Berge, welche die Stadt umrahmen, besteht aus Granit, die sanften Abhänge in der Tiefe der Thäler aus leicht verwitterndem Glimmerschiefer, daher erscheinen die Bergumrisse mannigfaltiger als an manchen anderen Küstenstrichen. Die Fruchtbarkeit des Bodens mag wohl zu der ersten Gründung der Stadt in den Jahren 1070—1075 die Veranlassung gegeben haben; der alte Name Bjergvin bedeutet so viel als Bergwiese oder Bergweide. Vin entspricht unserem Wünne, Wonne, Weide. Daß übrigens die Stadt bald eine gewisse Bedeutung gewonnen, beweisen die vielen Kämpfe zu Wasser und zu Lande,

Speichern, seinen hölzernen Kranen, seinem altersschwarzen Pfahlwerk macht noch ganz den Eindruck einer alten deutschen Hansestadt. Der äußere Hafen wird durch einige Festungsbauten (Bergenhus und Fredriksberg) gedeckt, die freilich mehr malerisch als gefährlich anmuten. Nach innen zu steigt die Stadt in teilweise breiten schönen Straßen modernen Ansehens an den umgebenden Bergen hinan. Landhäuser, in dichtwipflige Gärten gebettet, umgeben sie und darüber hinaus ragen die Bergwände, die auch im Sommer noch mit Schnee gesprenkelt sind. „Bergen ist eine der regenreichsten Stätten Europas, der Volksmund behauptet spottend, daß ein vorsichtiges Bergener Kind immer gleich mit einem Regenschirm auf die Welt kommt" (Wegener). Die Schönheit der Lage Bergens hebt auch E. Richter hervor und meint, der Blick von hoch gelegenen Punkten auf die altertümliche Stadt mit ihren roten Ziegeldächern, den zwei belebten Häfen und darüber hinaus über ein Gewirre von Inseln auf die offene See, sei ganz prächtig. Baedeker nennt Bergen eine der schönsten Städte Norwegens und rühmt die Bevölkerung Bergens, wie überhaupt der ganzen Landschaft (Nord- und Sondhorland, Voß) wegen ihrer für Norwegen merkwürdigen Beweglichkeit. Vielleicht blühen Vereinsleben, Geselligkeit und Frohsinn nirgends stärker als hier.

Zwar ist die Stadt von Kristiania in der Größe der Bevölkerung und des Handels überflügelt, aber sie selbst hat auch einen bedeutenden Aufschwung genommen, trotzdem sie nicht ein solches Hinterland mit vielen lang gestreckten Thälern besitzt wie die Hauptstadt und lediglich auf die See angewiesen ist. Die Schwierigkeit des Verkehrs nach dem Binnenlande spricht sich vor allem darin aus, daß Bergen durch keine Eisenbahn weder mit Kristiania noch mit Trontheim bis jetzt hat verbunden werden können, sondern nur eine kleine sekundäre Küstenbahn von 108 km nach Vossevangen besitzt, die mehr dem Touristenverkehr als dem Handel dient. Diese ganze Bahnstrecke ist, zur Hälfte an den Fjorden, zur Hälfte in einem Flußthal mit nur geringer Steigung, durch seine großartigen Scenerien, die an die italienischen Alpen

erinnern, sehr sehenswert. Das felsige Terrain hat den Bau von vielen Tunnels und Steinmauern bedingt, und die Fahrt mit ihren stets wechselnden köstlichen Aussichten auf Thäler und Seeflächen dauert $4^{1}/_{2}$ Stunden. Die Fortsetzung dieser Straße nach Gudvangen am Sognefjord ist bereits erwähnt.

Nördlich von Bergen liegt in der Landschaft Nordhorland ein Küstendistrikt zwischen dem Osterfjord im Süden und dem Fensfjord im Norden, der sich durch die scharf ausgeprägte Nordwestrichtung aller Seen, Flußläufe und Thäler von der ganzen Nachbarschaft unterscheidet: Mangerland.

Bis auf eine schmale niedrige Landenge, die es noch mit dem Festlande verbindet, ist das ganze stark zersplitterte Gebiet wie eine Insel oder besser wie ein Archipel von Wasser umgeben. Es hat seinen Namen von dem an der Westseite gelegenen Hauptorte Manger. Hier lebte einer der berühmtesten norwegischen Naturforscher Michael Sars, geboren zu Bergen am 30. August 1805, von 1839—1854 als Prediger, bis er als Professor an die Universität Kristiania berufen wurde, wo er am 22. Oktober 1869 starb. K. Vogt setzte ihm in seiner „Nordfahrt" ein Ehrendenkmal, wenn er schreibt: „Aus dem einsamen Pfarrhause einer öden Insel in der Nähe Bergens gingen Beobachtungen hervor, die von tiefer Einsicht in die Tierwelt des Meeres und ihr geheimnisvolles Treiben zeugten, während zugleich ein Museum*) sich bildete, um dessen Schätze selbst die größten Werkstätten der Naturwissenschaften neidisch sein können."

Auch Nansen gedenkt bei der Ausfahrt zu seiner letzten erfolgreichen Polarreise, als sein Schiff am Mangerlande vorübersteuerte, seines berühmten Landsmannes und der Anfänge seiner eigenen Naturforschung. „Draußen rollte die See im Sonnen-

Abb. 61. Haus bei Voß.

---

*) Dieses Museum befindet sich in Bergen und an ihm war der berühmte Polarforscher Fridtjof Nansen von 1882 an mehrere Jahre Konservator, nachdem er in demselben Jahre seine erste Reise ins Eismeer gemacht hatte.

Abb. 63. Das Schirradal (Umgebung von Bufjant).

Abb. 64. Sätersdaler Mädchen.

dunst, und drüben lag das flache Mangerland mit all seinen Erinnerungen an ein Naturforscherleben vor vielen Jahren bei Sonnenschein und Regenwetter. Hier hat einer der größten Naturforscher Norwegens, Michael Sars, als einsamer Pfarrer fern von dem Getriebe der Welt seine großen Entdeckungen gemacht. Hier that ich selbst die ersten tastenden Schritte auf der schmalen Bahn der Naturforschung."

Etwa 40 km weiter nach Norden, von Manger aus, öffnet sich der zweite große Fjord, der Sogne. Er ist der längste aller Fjorde, denn er hat eine Länge von 180 km. Er steht senkrecht auf der Küstenlinie, d. h. er schneidet gerade von Westen nach Osten mit seiner Hauptachse in das Hochland ein und bringt am weitesten in dasselbe vor. Wenn man ihn in all seinen Krümmungen mißt, beträgt seine Länge mehr als 230 km; dabei ist er an den breitesten Stellen nur 5 km breit. Die Felswände erheben sich aus ihm zu einer Höhe von 1500 m, während seine größte Tiefe 1244 m beträgt. Im Gegensatz zu dem heiteren Hardanger erscheint er ernst und düster. Gußfeldt hat die beiden Nebenbuhler mit Rafael und Michelangelo verglichen. Doch findet Vibe in Bezug auf menschliche Ansiedelung und Kultur andere Vergleichspunkte. „Der bewohnte und angebaute Teil des Sogne- und Hardangerfjord mit den anstoßenden Seitenthälern, d. h. der verhältnismäßig weniger beträchtlichen Strecke zwischen den Gebirgswänden und dem Meere oder dem Thalboden gehört zu den mildesten und fruchtbarsten Gegenden des Landes; Äpfel, Birnen, Pflaumen und Kirschen, zum Teil von sehr veredelten Gattungen, wachsen hier im Überfluß, auch die Walnüsse gedeihen und reifen."

Die Verzweigungen des Sognefjord (Sogn heißt Pfarre, Kirchspiel, in älterer Bedeutung aber auch ein schmaler Meeresarm) gehen nach beiden Seiten, nach Norden und Süden; doch gehen die längsten Äste nach Norden. Obwohl nun auf der Nordseite im Jostedalsbrae nicht bloß das größte norwegische Firnfeld von 900 km Fläche liegt, von dem zahlreiche Gletscher wie die Zipfel eines Tuches aus der Höhe über die Felsabstürze in die Fjordlandschaften herabhängen und östlich von Jostedal auch noch die bedeutendsten Erhebungen Skandinaviens in Jötunheim auf dieser Seite des Thalspaltes liegen, haben doch auch die Seitenzweige der Südseite hohe landschaftliche Schönheiten aufzuweisen. Die schönsten Teile des Sognefjords liegen aber weit im Osten, möglichst fern von der See, wo der Einfluß des Meeres kaum noch zu spüren ist und die warmen Sommer der deutliche Ausdruck des Kontinentalklimas sind. Die westliche Hälfte des Sogne verläuft ziemlich einfach ohne hervorragende Gliederung, auch sind die Landschaften in der Nähe des Meeres ziemlich öde, die Inseln häufig nackter Fels, vom Eise der Vorzeit abgeschliffen und mit spärlichem Pflanzenwuchs bekleidet. Erst weiter im Binnenlande liegen die durch ihre großartigen Gebirgsscenerien und Fernsichten auf Gletscher- und Firnfelder berühmtesten Fjorde: der Aurlandsfjord mit dem Nårøfjord und der Lårdalsfjord auf der Südseite, der Nardalsfjord im Osten, der Lyster- und Fjärlandsfjord auf der Nordseite. In dieser Reihenfolge werden wir sie auch betrachten. Bis zum Aurlandsfjord behält der Sogne von der See her seine gewöhnliche Breite von 4—5 km, dann rücken aber die Felswände des Hochlandsspaltes auf 1 bis 1½ km zusammen und ragen über dem Wasser über 900 m empor. Mit Ør und Aur bezeichnet man das Schwemmland an der Mündung eines Flusses, wo sich Menschen ansiedeln können. Meist aber erscheinen hier die Felswände so schroff und unzugänglich, daß ein menschlicher Fuß nicht daran haften kann; und von dem Fjeld droben, das ziemlich wagerecht zu verlaufen scheint, weil man die noch höheren Firnfelder nicht sehen kann, stürzen in Schaum zerstäubte Wasserfälle, oft frei durch die Luft oder sich durch die weiße Farbe scharf von dem dunklen Gestein abhebend in die Tiefe; das Wasser hat, wenn es vom Winde nicht bewegt wird, die Farbe eines dunklen Smaragds. Am Vorgebirge Bejtelen gabelt sich der Fjord, sein südwestlicher Zweig ist der berühmte Nårøfjord (Abb. 76), der, ein wildes, phantastisches Felsenthal, anfangs noch 800 m breit ist, sich aber bis zu seinem oberen Ende zur Breite eines Flusses verengt und zur Felsengasse wird. Hier liegt der kleine Ort Gudvangen (Abb. 77) an einer Stelle, wo die Felsenmauern weiter auseinander treten und eine sanft ansteigende Schotterterrasse sich an der westlichen Seite der Nårodalselv gebildet hat. Bis hierher kommen die Dampfschiffe. Dann geht eine Fahrstraße weiter im Thal der Elv aufwärts. Die Felsenmauern rücken so nahe zusammen und steigen so mächtig empor, daß man mehrere Monate im Winter die Sonne nicht zu Gesicht bekommt. Gegenüber von Gudvangen stürzt sich ein Bach mit einem freien Fall von 150 m Höhe, der Kilefos, ins Thal hinunter. Das Thal behält seinen großartigen Charakter; neben dem breiten, schäumenden Flusse windet sich die Straße in der Tiefe immer mehr aufwärts zu dem Thalschluß von Stahlheimsklev, und bis man zu dem in großartigster Gebirgslandschaft gelegenen Hotel Stahlheim kommt, von dem aus man den prächtigsten Blick zurück in die Tiefe des Thales genießt (Abb. 4). Man rechnet diese Aussicht zu den schönsten, die sich in Norwegen bieten. Die viel befahrene Straße führt von hier weiter über Vinje und Vossevangen nach Bergen.

Der eigentliche Aurlandsfjord erstreckt sich vom Vorgebirge Bejtelen nach Südosten, bietet auch noch manche Naturschönheiten, läßt sich aber mit dem Nårøfjord nicht vergleichen. Er schließt mit einem

Abb. 67. Halerdaler Trachten

Felsencirkus ab, an dem Aurland liegt, wovon der Fjord seinen Namen trägt.

Östlich vom Aurlandsfjord gelangen wir zum kürzeren Lärdalsfjord, der vom Sognefjord auch nach Südosten abzweigt, an seinem oberen Ende liegt Lärdalsøren (Abb. 78), kurzweg auch Lärdal genannt, auf ganz flachem Schwemmlande, das die Læra geschaffen hat. Von hier führen die Straßen gegen Südosten über das Fjeld nach Hallingdal und Valders, also die nächsten direkten Verkehrswege nach der Hauptstadt. Daher ist er der Hauptverkehrsort für den oberen Sognefjord. Folgt man der Straße von Lärdal nach Valders, so berührt man jenseits der malerischen Schlucht, die die Læra durch die Felsenriegel gebrochen hat, die Kirche von Borgund (Abb. 26), eine der merkwürdigsten alten Holzkirchen, die wohl aus der ersten Hälfte des XII. Jahrhunderts stammt und sehr gut in ihrer ursprünglichen Anlage erhalten ist und unter der Obhut des norwegischen Altertumsvereins, dem sie gehört, erhalten bleibt.

Der dritte Zweig des Sogne, der Aardalsfjord, erstreckt sich nach Osten und behält bis zu seinem Ende bei Aardal ziemlich die nämliche Breite bei, er endigt also nicht als Gebirgsspalt. Aardal ist ein kleines Dorf und heißt eigentlich Aardalstangen (das heißt Zunge), nämlich eine Landenge zwischen dem Fjord und Aardalssee, in dem sich das Thal weiter fortsetzt. Der Aardalsee hat alpinen Charakter: steile Bergmassen mit schluchtartigen Thälern umgeben ihn, große, mehrere tausend Fuß hohe Wasserfälle stürzen in die See. Aber auch von oben herein brechende Lawinen und Steinfälle bedrohen die Ufer des Sees, und daher sind sie nur wenig bewohnt. Nur an der Ein- und Ausmündung der Utlaelv in den 14 km langen See finden sich einige Höfe mit roten Dächern. Oberhalb des Sees liegt auf einer Sandbank der Hof Moen (Mo = Sandbank). Einige Kilometer weiter aufwärts bahnt sich der Bergstrom, der aus dem Herzen Jötunheims entquillt, durch eine enge Felsenschlucht, das Vettisgjelet (gjel = Schlucht) einen Ausweg. Die Wände dieser Schlucht bestehen aus leicht abbröckelndem Gestein, so daß der mühsame und schlechte Weg bergan auch noch von Steinschlägen bedroht ist.

Weiter oberhalb liegt der Hof Vetti und nahe dabei stürzt aus einem Seitenthal von Osten her, aus dem Morkeldbedal (finsteres, kaltes Thal) der Morkedøla als Vettisfos herab. Es ist der höchste aller Wasserfälle, da er in einem einzigen Falle 260 m durchmißt. Vöringfos und Sjæggedalsfos sind erheblich niedriger, selbst der Rjukan in Telemarken bleibt noch 15 m hinter dem Vettisfos zurück. Durch eine Weganlage des norwegischen Touristenvereins ist es ermöglicht, den Fall von unten und zwar ganz aus der Nähe besichtigen zu können. Die eigentliche Bildung dieses Falles beschreibt Paßarge am besten: „In einer Art Trichter oder einem Cylinder, den der Wasserfall meist in der senkrechten Felswand gebildet hat, stürzt er sich über eine scharfe Kante, in einem Falle gleichsam ins Bodenlose; denn Felsen verdecken unten seinen Fuß, und so verschwindet er, ohne daß man sieht, wo er bleibt. Oben kommt er, wie die Elivagar der Edda aus einer Nebelwolke, unten scheint ihn der Grund zu verschlucken. . . . Die ganze Masse füllt aber nur die südliche Hälfte des Cylinders. Indem sie durch ihr Gewicht die Luft mitreißt und in die Tiefe preßt, erzeugt sie einen reagierenden Gegenstrom, der von der Tiefe in die Höhe geht und nun seinerseits die Wassertropfen mit sich führt. So ist denn die ganze nördliche Hälfte des Cylinders mit einem aufsteigenden Wasserrauche erfüllt, der noch hoch über dem Falle eine pinienartige Wolke bildet und die ganze Umgebung weithin mit einem dichten Regen überschüttet." Auf diesen Wasserfall und die daran schließende Thalschlucht scheint zuerst der englische Lieutenant Biddulph aufmerksam gemacht zu haben, der diese Partien im Jahre 1849 besuchte und dessen Bericht Thomas Forester, sein Reisebegleiter, in sein Werk „Norwegen und sein Volk" aufgenommen hat. Biddulph war mit mehreren Freunden und einem Führer auf die nordöstlich vom Aardalsee gelegenen Hochlande gestiegen und genoß von da den großartigen Anblick der weiter nordwestlich gelegenen Felsenzinnen, der Horunge. „Der Anblick war unbeschreiblich großartig, die Wolken verhüllten dann und wann den ganzen Horizont und zeigten, indem sie sich teilten, die zackigen Gipfel der Horunger Berge, die sich in phantastischer Verwirrung

Abb. 64. Stavanger, von Bjergsted gesehen.

über sie erhoben, darunter als der höchste der Skagastöltinde. Unterhalb erstreckte sich ein glockenförmiges, schneeiges Thal in das Gebirge und wurde von einem Gletscher geschlossen. Fast alle Gipfel waren schwarz und nackt und erhoben sich wie Nadeln aus den Schneemassen, welche die niedrigen Gipfel des Gebirges bedeckten. Die Gipfel selber sind zu steil, als daß ihre Oberfläche den Schnee erhalten könnte, während außerdem die Sonnenstrahlen die dünne Schneedecke sehr bald schmelzen.

Das großartige Schauspiel fesselte lange unsere Blicke, und unser Führer hatte Mühe, uns weiterzuführen. Unser Weg führte in das Koldebal hinab; wir kamen bald in Birkenwaldungen und traten dann in den herrlichsten Fichtenwald, den ich je gesehen habe. Es lagen riesenhafte Bäume in allen Graden des Verfalls umher; einige breiteten verdorrt ihre nackten Arme aus, andere waren kräftig und von ungeheurer Größe. Einer hatte fast fünf Fuß im Durchmesser. Um die Großartigkeit der Waldlandschaft zu vermehren, erheben sich über die Fichten im Hintergrunde die Gipfel der Horunger.

Wir hielten an dem Vettisaeter, dem letzten, auf dem wir einsprachen, und schickten uns an, auf unserem Rückwege nach Svalheim (oberhalb des Aardalssees) von dem Gebirge in das Thal hinabzusteigen. Ein steiler Zickzackpfad führte an einem Abhange von mehr als 2500 Fuß hinab. Die Landschaft des „Mörke-Koldedals" besaß all die Großartigkeit, die seine ungeheure Tiefe, die Enge seines Passes, seine überhangenden Abhänge, seine Schneefelder und Wasserfälle ihm geben konnten. Der Weg war sehr rauh und für unsere an den weichen Schnee gewöhnten Füße um so beschwerlicher, während uns die höhere Temperatur des Thales, für welche wir nach der auf den Gebirgen herrschenden Kälte sehr empfänglich waren, in einen heftigen Schweiß versetzte. An einer Stelle des Passes führte der Weg dicht an einem mächtigen Wasserfalle vorüber, an dem uns ein Strom von kalter Luft und feuchtem Nebel empfing, der uns bald durchkältet und durchnäßt haben würde, hätten wir unsere Schritte nicht wesentlich beschleunigt. Der Führer lenkte unsere Blicke auf das Giebeldach eines kleinen Meierhauses am Eingange eines Seitenthales, aus dem dieser Strom, wenigstens 1000 Fuß über uns, hervorkam. Ein an der fast senkrechten Felsenwand hinanführender Pfad bildete den einzigen Zugang zu dieser An-

Abb. 69. Der Bondhusbräer Maurangerfjord.

siedelung.... Wir erreichten Spalheim gegen Abend."

Östlich von den innersten Ästen des Sognefjord erhebt sich der höchste Teil des skandinavischen Hochlandes, Jötunheim. Es ist das wildeste Alpenland der ganzen Halbinsel und erhielt seinen Namen durch den Geologen Keilhau, der diese Gebiete 1820 zuerst untersuchte und gewissermaßen entdeckte. Er nannte die Landschaft zuerst Jötunfjelde, worauf dann norwegische Studenten, die nach ihm das Hochgebirge besuchten, die abweichende, jetzt allgemein angenommene Namensform Jötunheim schufen. Das Wort bedeutet „die Heimat der Frost- und Reifriesen", und dieser mythologische Ausdruck paßt so recht auf ein wildes, fast unwegsames, halb unter Schnee und Eis begrabenes Hochland, das sich vom Sognefjord bis nach Gudbrandsdal im Osten und nach Valders im Südosten ausbreitet. Es besteht hauptsächlich aus Hochthälern, die bereits über der Baumgrenze liegen und von großen Seen oder Ketten kleiner Seen erfüllt sind, zwischen denen die Wasserscheide häufig verwischt ist. Daher gibt's auch keine regelmäßigen Bergketten und Bergkämme, denen regelmäßig gebildete Thäler entsprechen müßten. Ganz Jötunheim ist von einem Netze solcher Thäler durchzogen, zwischen denen sich die Bergmassen regellos und zusammenhangslos erheben. Die durchschnittliche Höhe des Landes beträgt 1200—1500 m, in diese Hochebene sind wenig Thäler bis unter 800 m über Meer eingesenkt. Die drei größten Seen liegen sogar in etwa 1000 m Höhe und sind von kahlen Felsbergen umrahmt, die häufig nur mit Moos oder spärlichem Gras bekleidet sind. Die beiden größten Seen Tyin 1078 m und Bygdin 1062 m liegen am Südrande der Gletscher und sind von kahlen Bergen eingeschlossen. Ihre Umgebungen sind nur im Sommer

Abb. 70. Der Suardbrar.

bewohnt. Keine Fahrstraße führt durch Jötunheim, Wege sind so gut wie gar nicht vorhanden oder verlieren sich in Steingeröll und Sümpfe. Brücken fehlen fast ganz. Es würde sich daher empfehlen, wenn man das Land kennen lernen will, zu reiten. Besser ist schon für die Reisenden durch Unterkunftshütten gesorgt, die vom norwegischen Touristenvereine angelegt sind. Denn gerade die Norweger ziehen bei ihren Gebirgswanderungen und Erholungsreisen die Heimat der Frost- und Reifriesen allen anderen Gegenden ihres an Schönheiten reichen Vaterlandes vor. Selbst einzelne Damen durchwandern mit Vorliebe diese einsamen Fjelde.

Zwischen den beiden genannten Seen Tyin und Bygdin, die sich im rechten Winkel einander nähern, erhebt sich der Stinegg 1600 m und gewährt die beste Aussicht über Jötunheim. Man hat den Stinegg wohl mit der Schmittenhöhe bei Zell am See in Salzburg verglichen. Man gelangt dahin am bequemsten von Borgund aus auf einer Fahrstraße, die am Südende des Tyin endigt. Nördlich vom Bygdin liegt noch ein kleinerer, schmaler, aber immerhin noch 18 km langer See Gjende (Abb. 79), dessen Westende den Mittelpunkt des Touristenverkehrs in Jotunheim abgibt. Der See liegt 979 m hoch und ist auf beiden Seiten von mehr als 2000 m hohen Bergmassen und Berggipfeln umgeben. Nordwestlich von dem Gjendesee liegt ein von Thälern und Hochseen umschlossenes, fast ovales, 25 km langes Bergmassiv Ymesfjeld, im Osten von Visdal, im Westen von Lejrdal begrenzt, die sich im Norden bei Rodsheim (sprich Rösem) vereinigen. Hier bei nur noch 556 m Höhe befinden wir uns bereits wieder im Gebiet des Getreidebaues; dagegen fällt das innere Bergmassiv steil in die Thäler, ist ganz unbewohnt und meistens vergletschert. Mitten darin erhebt sich der höchste Berg Skandinaviens, der Galdhöpig (sprich Gallöpig, Abb. 80) 2560 m und erfreut sich im ganzen Land einer allgemeinen Verehrung. Der Galdhöpig steigt mit steilen gegen 1000 m hohen Abfällen nach allen Seiten auf; er erhebt sich aus einer Reihe von „Pigen", die das Hochland von Ymesfjeld in einer kurzen Kette krönen, als die höchste und bildet eine mitten durchschnittene Kuppe, die mit einem Mädchengesicht verglichen ist, das unter seiner Haube nach Osten sieht. Pige bedeutet im Norwegischen ein Mädchen. „Auf beiden Seiten des Galdhöpig steigen ungeheure Gletscher herab. Die Kuppe des Galdhöpig besteht aus blauem von Spalten durchzogenen Eise. Trotzdem darf man nicht annehmen, daß die Besteigung besonders schwierig sei. Im Gegenteil nimmt die Hochtouristik in den Alpen ganz andere Kräfte in Anspruch. So kommt es denn, daß der Galdhöpig während der Reisezeit täglich von ein bis zwei Dutzend Personen bestiegen wird. Oben ist eine Unterkunftshütte erbaut, von wo aus man in 2½ Stunden den Gipfel erreicht (Abb. 81). Auch dort noch findet man in einem kleinen Holzhause Erfrischungen. Westlich von der Galdhöpiggruppe erstreckt sich ein unübersehbares Firnmeer, wozu die Alpen kein Gegenstück bieten können. Es ist der Smorstabsbrae, der sich 15 km weit über ein 2000 m hohes Fjeld ausbreitet, ohne Thal- und Cirkusbildung. Dieses Firnfield schickt in die Thäler nicht bloß Gletscherzungen, sondern die ganze ungeheure Firnmasse geht schon hoch oben in blaues Eis über und wallt nun, ein einziger Gletscherkatarakt langsam in die Tiefe. „Die blauen Gletscherterrassen", sagt Passarge, „erheben sich wie die Stufen eines einzigen Eispalastes. Diese ganze Landschaft ist erschütternd groß, wie der erste Anblick des Meeres oder wie ein über die Erde brausender Frühlingssturm." Jenseits des oberen Utlathals folgt dann das Firnmeer des Janaraaf, den man mit dem Wetterhorn in der Schweiz verglichen hat, und südlich davon tritt die schon erwähnte Kette der Horunger auf, eine kurze Alpenkette mit zehn kühnen Gipfeln, den Horungstinder, die von Südwest nach Nordost sich erstrecken und in dem Skagastolstind, dem skandinavischen Wetterhorn, 2394 m erreichen. Einen schönen Überblick über diese kühnen Bergspitzen gewinnt man auf der Nordseite von einer Höhe aus, die zur Erinnerung an den Besuch des Königs Oskar Oskarshaug genannt ist und sich 1337 m erhebt. Die Horunger erinnern, nach Richter, in ihrem Aufbau an die Tatra, sie bestehen aus Gabbro (altvulkanisches Durchbruchsgestein, das wir in ähnlichen Felsspitzen auch in der Lofotgruppe wiederfinden). Die Gletscher zwischen den Felstürmen sind reich an großen Moränen. Die kleinen Thäler zwischen den Klippenkämmen sind von außerordentlicher Wildheit, die zerborstenen, steilen Gletscher, die schwarzen Felswände und Felssporen, die tief geschartelten Kämme geben alpine Bilder strengsten Stils.

Wir kehren nun aus Jotunheim wieder zu den nordöstlichen Zweigen des Sognefjord zurück. Der Lysterfjord bringt am weitesten gegen Nordosten; er ist 40 km lang und bildet ein merkwürdiges Gemisch von Wildheit und freundlichen Landschaften. Mitten auf der Ostseite springt eine stumpfe kurze Halbinsel vor, Urnæs, darauf liegt eine der ältesten Holzkirchen des Landes und daneben große Hünengräber. Je weiter man in den Lysterfjord nach Norden vordringt, desto großartiger wird die Landschaft. In das Nordende münden zwei Thäler, von denen das östliche, das Fortunthal, die Gruppe der Horunger begrenzt und an Großartigkeit der Steilwände mit dem Lauterbrunnerthal verglichen werden kann, das westliche Thal dagegen, das gerade von Norden herabkommt, das Mörkerejsdalthal, auf allen Seiten von Firnhöhen und Gletschern umgeben ist. Mitten auf der Westseite sendet der Lysterfjord noch einen kurzen Seitenzweig ab, in den sich die Jostedalselv ergießt, die aus den Gletschern von Jostedal gespeist wird. Die Jostedalselv, ein schmutziger Gletscherstrom, führt so viel Wasser als der Inn bei Kufstein, denn alle seine Zuflüsse kommen von den hohen Firnfeldern, deren Schmelzwasser im Sommer Tag und Nacht abfließen. Das gerade gestreckte Thal ist nur ein riesiger Gebirgsspalt, über dessen Steilwände man selbst einen Blick auf die hohen Schneefelder gewinnt. Eigentümlich ist dem Thale, das nicht in Stufen, sondern allmählich ansteigt, die Bildung von kesselartigen Erweiterungen, die durch Engschluchten voneinander geschieden sind. Jeder Kessel war früher ein See, jetzt ist er buschig und grün. Durch die ganze Bildung des Jostedals wird der Raum für menschliche Ansiedelung ziemlich eingeschränkt. Roun-

eid an der Mündung des Flusses verliert, obwohl es nicht unmittelbar unter der westlichen Thalwand liegt, schon um zwei Uhr nachmittags im Hochsommer die Sonne. Einige Kilometer von der Mündung der Elv entfernt liegt der Ort Marifjärn am Fjord. Von hier führt eine Fahrstraße im Thale aufwärts bis über Jostedal hinaus und bietet den bequemsten Zugang in die Welt des ewigen Schnees. Der letzte nennenswerte Zweig des Sogne, der mit dem Lysterfjord parallel nach Norden vordringt, aber kleiner und schmaler ist, heißt nach dem Ort am Nordende der Fjärlandsfjord. Nur wenige Kilometer vom Strande entfernt, erreicht man schon den Fuß des Suphellebrae, der erst 47 m über dem Meeresspiegel endigt und ein mächtiges Gletscherthor hat; ebenso großartig ist der daneben herabkommende Bojumsbrae. Der Fjärlandsfjord hat nicht so wild abstürzende Felswände wie der Nærofjord, aber die Uferberge heben sich doch majestätisch vom Wasserspiegel empor und sind am Fuß mit üppigem Grün bekleidet. Von fernher leuchten die hohen Firnmassen und Gletscherzüge her-

Abb. 71. Gletscherthor des Buarbrae

Abb. 72. Der Lotefos (Hardanger).
(Nach einer Photographie von Wilh. Dreesen in Flensburg.)

über und erhöhen durch den Gegensatz die Schönheit der landschaftlichen Bilder. „Das Massiv des Jostedalsbraes," schreibt Güßfeldt, „ist so gegliedert, daß man zwischen den Vorbergen Gletscher erblickt und über jenen weite Flächenstücke der oberen Firnbedeckung. Der Wasserspiegel, das Grüne, die Hütten, der Gletscher, die Schattierungen der verfirnten Hochgefilde, die Formen der Berghänge, eine gewisse vornehme Weite, die den Einzelbildungen Platz gibt, statt sie aufeinander zu drängen, alles dies zusammen schafft ein Landschaftsbild von seltener Schönheit. Der Suphellebrae ist in der Mitte durch Felsabstürze vollständig in zwei Teile geschieden; über dem Fels Gletscher und unter dem Fels Gletscher, aber keine Verbindung zwischen beiden. Dennoch konnte der untere nicht an Ort und Stelle entstanden sein, er mußte, wie alle anderen sein Material aus der Höhe entnommen haben. Solche Bildungen nennt man regenerierte Gletscher. Man findet sie, wenn auch nicht häufig, in allen Hochgebirgen, wo die Felsunterlage des Eises plötzlich so steil wird, daß dasselbe abbricht und als Lawine fällt. Ihre Trümmer, große Eisstücke, sammeln sich am Fuße des Felsenbandes und fließen, wenn auch langsam, wieder zu einer kompakten Eismasse zusammen, gerade so wie die gesprengten Tropfen des Wasserfalles sich wieder zum fließenden Bache vereinigen. Es beruht dies auf der Plasticität des Eises, dessen Stücke sich durch Zusammendrücken aneinander schweißen lassen."

Am südlichen Ausgange des Fjärlandsfjordes liegt Balholm, eine beliebte Sommerfrische der Bergener. Als man noch für die Frithjofsage schwärmte, verlegte man hierher den Schauplatz der Dichtung. Hier hat König Bele gewohnt, gegenüber, am Südufer des Sognefjord an dem Vorsprung von Framnaes, auf Vangsnaes, saß Frithjof. Auf Balholm ist man aber deshalb verfallen, weil sich hier noch alte Denksteine, sogenannte Bautasteine und Grabhügel befinden. Übrigens spielt auch nach altisländischen Sagen die Geschichte vom Friedensdiebe (Frid-Thjuf)

Abb. 73. Der Eidfjord (Hardanger).

am Sognefjord. Auch liegen die in der Frithjofsage erwähnten Solundinseln nördlich vor dem Ausgange des Fjordes. Um Balholm gedeihen noch alle europäischen Obstbäume, und es verdient noch hervorgehoben zu werden, daß man am Sogne mehr Obst als am Hardanger erntet.

Nördlich vom Sognefjord folgt die letzte der norwegischen Seebuchten, die von der Westseite her in das Hochlandsmassiv eindringen; es ist der Nordfjord, der südlich vom 62. Grad n. Br., parallel dem Sogne von Westen nach Osten verläuft, sich aber dadurch von seinem südlichen Nachbarn unterscheidet, daß seine Verzweigungen sich nur nach Osten und Süden, aber nicht nach Norden fortsetzen und daß in den östlichen Verlängerungen der Fjordtäler größere Seen liegen, als beim Sognefjord. Und da diese Seen unmittelbar unter den Steilabstürzen der großen Firnfelder des Jostedalsbrae liegen, so entstehen dadurch alpine Landschaftsbilder von solcher Erhabenheit, daß sie keinen anderen norwegischen Scenerien nachstehen.

Der Name Nordfjord gebührt eigentlich nur einem kleinen Teile in der Nähe des westlichen Meeres; in seinem weiteren Zuge nach Osten wird der Fjord Davits-, Ise-, Hundsviks-, Ut-, Indviksfjord genannt. Die ganze Länge beträgt von der See her 105 km. Der Name des Fjordes wechselt durchschnittlich alle 15 km. Je weiter man nach Osten vordringt, um so interessanter wird die Fahrt durch den Wechsel in der landschaftlichen Umgebung. Da der Fjord im allgemeinen von Westen nach Osten verläuft, so hat er eine von

Abb 74. Der Beringfos (Hardanger).

der Sonne beschienene Nordseite und eine im Schatten liegende Südseite. Jene hat mehr Ansiedlungen, mehr Höfe und ist fruchtbarer, diese einsamer, ernster. Auch steigert sich die Fruchtbarkeit, je weiter man ins Innere des Landes kommt.

Auf der Hälfte des Weges zum Ostende des Fjordes zweigen sich nach Südwest und Südost nahe bei einander zwei Arme ab, von denen der östlich, der Gloppenfjord, die aus dem Bredhejmsee kommende Bredhejmselv aufnimmt. Der Fluß sammelt die Gletscherbäche des nordwestlichen Jostedalsbrae und klärt sie in

Abb. 75. Morgen.
(Nach einer Photographie von Wild Treffen in Firnsburg.)

Abb. 76. Der Nærofjord (Sogn).

dem tiefdunklen Bredhejmsee ab, der von steilen Bergmassen umgeben ist. Bei einer Fahrt über den See nach seinem Südende erhebt sich rechts in ganzer Erhabenheit das Skarstensfjeld und die Skjorta (Schürze), zwischen denen tiefe Schluchtenthäler in die tiefste Einsamkeit des Gebirges führen, um plötzlich an ungeheuren Abstürzen zu endigen.

Von dem südlichen Ende des Sees, bei Förde (Abb. 82), führt ein Fahrweg über die Wasserscheide zum Jölstersee, der 205 m über Meer liegt. Auch dieser See wird von Dampfern befahren und hat im westlichen Teile freundliche, fruchtbare Gelände mit vielen Höfen. Der schmalere, östliche Arm des Sees, der Kjosnaesfjord, endigt unter dem grünen Gletscher von Lunde, der vom Jostedal herabkommt. Daß ein Teil eines Süßwassersees, wie hier, den Namen Fjord trägt, kommt in Norwegen mehrfach vor. Den Thalschluß bei Lunde bezeichnet Richter als das großartigste Beispiel eines Cirkus. Die oft 1000 m hohen Steilwände sind nicht geschliffen, sondern frische Bruchwände und bilden einen schauerlichen Schlund.

Der großartigste Teil des Nordfjords liegt im Osten an den drei kurzen Zipfeln, die sich erst in Fluß- und dann in Süßwasserseethälern fortsetzen. Drei mächtige Gebirgsbäche erreichen bei Olben im Südosten, Loen im Osten und unterhalb Stryn im Nordosten den Fjord, und nach diesen Orten heißen die drei dahinter gelegenen Stauseen: Olbenvand, Loenvand, Strynvand. Sie sind durch Landengen vom Fjord geschieden und gehörten ehedem, bevor sie durch Bergstürze oder Moränen abgedämmt wurden, zweifellos zum Fjord, wie auch ihre bedeutende Tiefe beweist, die bis auf 400 m unter den Fjordspiegel hinabreicht.

Von der Umgebung dieser Seen aus ist der Anblick des Jostedaler Firnmeers noch großartiger als von der Südseite, denn diese drei Seen, nach ihrer Natur echte Alpenseen, sind von einem Hochkranze von Gletschern umgeben. Ihre Ufer sind fruchtbar und mit vielen Höfen besetzt. Ihr Wasserspiegel erhebt sich nur 25 bezw. 37 m über dem Meeresspiegel, liegt aber unter den Steilwänden des Jostedalbraes, die 1600 m hoch sind und sich an ein-

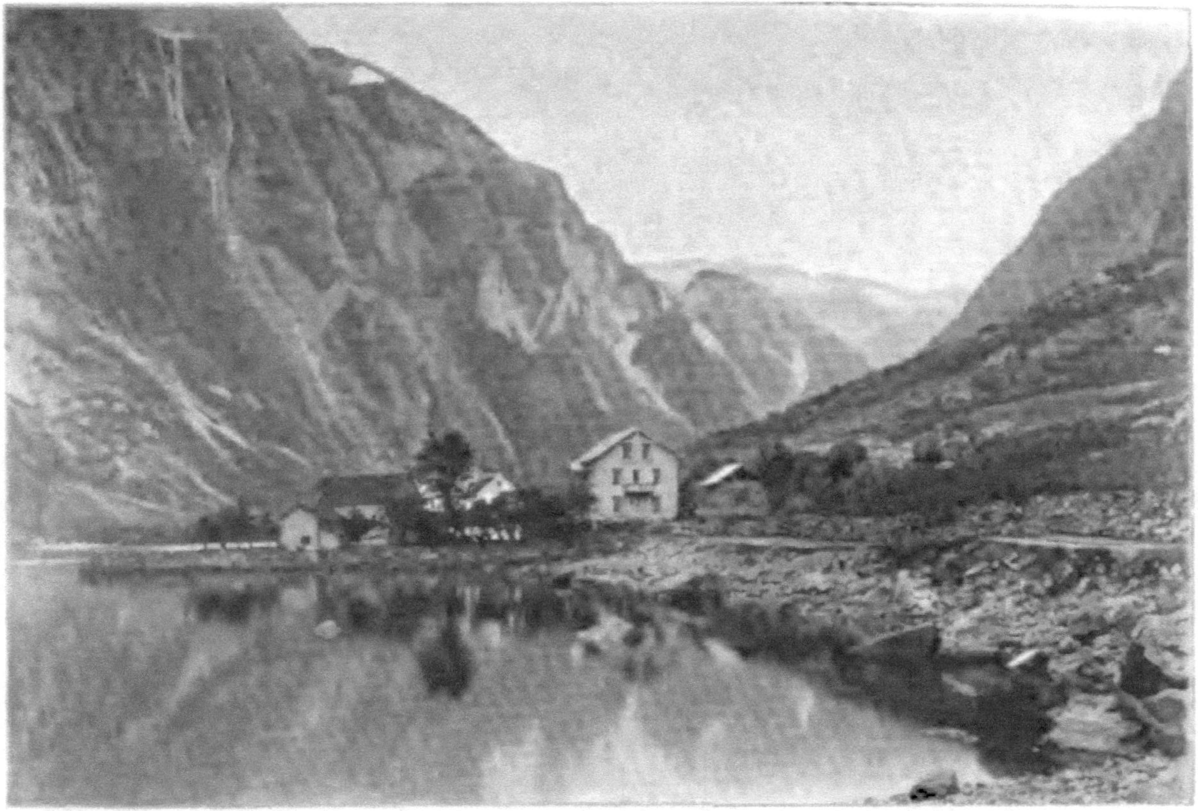

Abb. 77. Gudvangen.

zelnen Punkten bis über 2000 m emportürmen.

So großartig diese Landschaften auch sind, so sind sie doch erst später als andere Fjordgebiete in weiteren Kreisen bekannt geworden und besucht. Eine der wichtigsten Zugangsstraßen, die von Kristiania durch Gudbrandsdalen, an der Ottaelv entlang, dann über Grotlid und von da an den Strynsee hinabführt, ist erst 1895 vollendet. Diese Straße zeigt mehr als jede andere die großen landschaftlichen Kontraste zwischen Hochland und Fjord und erreicht

Berchtesgadener Ländchens. Darauf liegt in der Nähe des Fjordes der Ort Loen; eine Fahrstraße führt an den See, an dessen Ufern nur auf der Ostseite einige Höfe liegen. Über dem südlichen Ende, das sich schluchtartig verengt, steigen die Gletscher des Jostedalsbraes empor; die majestätische Kjendalskoa, 1828 m, und der saphirblaue Kronegletscher, der sich in der Flut spiegelt. Die wenigen Almen oder Säter am See sind auch nicht einmal im Sommer bewohnt. Vielmehr bringen die Leute das Vieh im Frühling hierher und holen es

Abb. 78. Kårdalsören.

bei Hjelle den Strynsee, der 25 m über dem Meeresspiegel liegt. Er erstreckt sich am weitesten nach Osten, und da er nur durch Moränen abgedämmt ist, so kann er als die längste Fortsetzung des Fjordes angesehen werden. Er übertrifft seine Nachbarn an Verschiedenartigkeit der Landschaftsbilder. Der nächste, südlich gelegene, aber schon kleinere See, wenn er immerhin auch noch 11 km Länge hat, ist der Loenvand. Er ist durch einen Felsriegel, den die Loenelv durchbricht, von dem Fjord getrennt. Die Landenge zwischen beiden Gewässern ist ein großartiger Park nach Art des

im Herbst zu Boot wieder ab, denn Wege gibt es am Ufer nicht. An der furchtbar steilen, unbewohnten Westseite brechen vom Ravnefjeldsgletscher oft Eislawinen in den See hinunter. Am südlichen Ende des Sees ist die Scenerie am großartigsten und wildesten. Hier verengt sich (nach Passarge) der See zu einem Gebirgsspalt, der an Enge und Majestät die gerühmtesten Fjorde Norwegens weit hinter sich läßt. Im Südosten tritt das Bødalsfjeld dicht an den See, im Westen das Ravnefjeld, und gerade aus im Süden die Nonsnibba. Alle diese Berge stürzen in Steilwänden von 1500—1500 m senkrecht in die Seespalte. Fährt man nur ein paar Minuten um eine kleine Felshöhe südlich von Bobal, das vor dem engsten Teile des Sees liegt, so ist man mit einem Male rings von diesen Wänden umschlossen und schaut wie aus einem Brunnen in die Höhe. Nur im Süden blickt der Zinnenkranz der Kjenbalskone herein und der phantastisch gegliederte blaue Kronegletscher. Vom Ravnefjeld, das in einer einzigen Nadel aufsteigt, stürzt der Utigardsfos, ein Doppelfall, aus

fall kommt von einer senkrechten Felshöhe von mindestens 140 m aus einem kleinen Eissee und erreicht an Wassermasse den Voringfos, also den größten aller norwegischen Wasserfälle, wenn er ihn nicht übertrifft. Diese Scenerie stellt an schauerlicher Größe die gerühmtesten Stellen der Alpen, ja Norwegens in Schatten.

Südwestlich von dem Loenvand liegt dann noch der kleinste und schmalste der drei Seen, der Oldenvand; er ist etwa 11 km lang und $1/_2$—1 km breit. Auch

Abb. 79. Gjendeboden (Jotunheim).

einer Höhe von mindestens 700 m in den mannigfaltigsten Sprüngen und Kaskaden herab. Alles dies verschwindet aber vor der grandiosen Ronsnibba, die genau im Süden über den Höfen von Nåsdal in einem einzigen senkrechten Absturz von 1839 m aufragt, ein überwältigender Anblick.

Der Nåsdals- oder Kjenbalsbræ (Abb. 83) hat, was in Norwegen selten vorkommt, eine Eishöhle. Dazu stürzt an der Westseite ein großer Wasserfall über eine Felswand scheinbar auf den Gletscher selbst herab und hat sich in dem Felsgrunde einen tiefen Kessel gebildet. Dieser Wasser-

dieser See ist eingebettet zwischen wildschroffen Hochgebirgswänden des Jostedalsbræ. Gleich im Norden steigt auf der Westseite über dem See, der 33 m über dem Meeresspiegel liegt, die „große Cäcilienkrone" 1775 m empor. Ausgedehnte Firnmeere umschließen den ganzen See. In den Schluchten senken sich von ihnen kleine Gletscher nieder, allenthalben stürzen Wasserfälle von den steilen Gehängen herab. Südlich vom See führt eine gute Straße einige Kilometer weit bis an den Fuß der Gletscher. Der Molkevold im Süden, der Aabrekgletscher im Osten und dahinter im

Abb. 91. Der Galdhöpig.

Süden der Briksdalsbrae, dessen unteres Ende nur 300 m hoch liegt und der durch sein blaues Farbenspiel berühmt ist. Man hat hier eins der interessantesten Alpenbilder, die Norwegen bietet, vor sich. Der Molkevoldgletscher ist die oben scharf abgeschnittene Firnbreite des Jostedalsbraes. Frei liegt dieses sich in lauter Eisterrassen herabwälzende Firnfeld da, nur rechts von einer unbenannten Höhe unterbrochen, die sich tintenblau vom silbergrünlichen Eise abhebt.

Am Briksdalsbrae ist noch ein Wasserfall bemerkenswert, der aus einer Höhe von mehr als 600 m fast senkrecht herabstürzt, ein Zwillingswasserfall, der sich trennt und wieder vereinigt, der Nonsfos, wahrscheinlich von den Bewohnern des Brigsdals so genannt, weil sie zwischen zwei und drei Uhr nachmittags (Nons — Zeit) die Sonne gerade über dem Falle haben.

Der Nordfjord hat nach der nördlichen Seite nur eine bedeutende Abzweigung und Fortsetzung, nämlich vom Eidsfjord aus, der durch eine 5 km breite Landenge (Eid), auf der die Orte Eid und Nordfjordeid liegen, von seiner natürlichen Fortsetzung, dem Horundalssee, getrennt ist. Hohe, grüne Berge umrahmen den fischreichen See, auf dem Dampfschiffe bis nach Grodnes gehen. Von hier kann man auf einer guten Fahrstraße über eine 460 m hohe Wasserscheide in nordöstlicher Richtung an das Südende des Sunelosfjord gelangen, der einen Zweig des Großen Fjord, Storfjord, bildet.

Zwischen dem Nordfjord und dem Storfjord wendet sich die Küste Norwegens bei der Halbinsel Stadtland und schlägt von hier an eine nordöstliche Richtung ein. Stadtland bildet eine eigentümlich geformte Halbinsel, die mit einem gebogenen Unterarme samt der ausgebreiteten plumpen Hand zu vergleichen ist. Hier fehlen die dem Festlande vorgelagerten Inseln und Schären vollständig, und daher sind alle Schiffe, die den Verkehr an der norwegischen Küste vermitteln, bei Umsegelung dieses Vorgebirges dem vollen Wogengange des Oceans ausgesetzt.

X.

Bei Stadtland hört der Begriff: „Norwegen, westlich vom Gebirge" auf. Die Küstenlandschaften von hier bis zum Trontheimfjord könnte man füglich als Norwegen nördlich vom Gebirge bezeichnen. Nördlich von Trontheim bis zur Lofotgruppe besteht das Land dann nur noch aus einem verhältnismäßig schmalen Küstenstriche mit wenig tief einschneidenden Fjorden.

Der erste Teil der Küste bis Trontheim hat zwar noch größere Fjorde aufzuweisen, als der höhere Norden; aber ihre Gestalt weist bei der furchtbaren Zersplitterung des Küstenrandes ganz andere Formen als weiter im Süden auf. Statt der schmalen, flußartigen Thäler von verhältnismäßig gleicher Breite und begrenzt von geschlossenen Hochlandsmassen, ziehen nun die Fjorde, vielfach in die Art der Sunde übergehend und Inseln vom Festlande abschneidend, unter verschiedenem Namen parallel dem Hauptküstenverlauf und senden gegen Süden einzelne Seitenzweige bis in die Region der Gletscher vor.

Östlich von Stadtland beginnend, reihen sich hier vier größere Fjorde nebeneinander, die parallel, in ziemlich gleichen Abständen gegen Süden ins Land eindringen und alle darin einander gleichen, daß sie im Süden sich wieder in zwei Arme spalten. Es sind dies der Vanelvsfjord mit dem Syltefjord, der Voldenfjord mit dem Dalsfjord, der Joringfjord mit dem Norangsfjord und endlich der Storfjord und seine Fortsetzung, der Sunelvsfjord mit dem Geirangerfjord.

Der Joring- oder Hjörundfjord gehört zu den berühmtesten Fjorden Norwegens und unterscheidet sich von den meisten durch die eigentümlich gestalteten Ufer; denn diese scheinen die Hänge echte Bergketten zu sein und nicht die Abfälle eines Plateaus. Sie sehen wie schartige Felskämme aus, zwischen denen sich Gletscher zeigen. Hier sind wirkliche Alpenlandschaften. Dabei sind die unteren und mittleren Gehänge stark bewaldet, während man im Hintergrunde einen Einblick in die großartige Gletscherwelt gewinnt. Auf der Ostseite des Joringfjordes zweigt sich der schmalere Norangsfjord ab, dessen Schönheit schon oft von Malern verherrlicht ist.

Vom oberen Ende dieses Fjordes, von Öie aus kann man durch eins der großartigsten Thäler, das Norangthal (Abb. 84), in südöstlicher Richtung nach Hellesylt an den Anfang des Sunelvsfjordes gelangen. Die Smörskredtinder mit ihren beiden Spitzen und dem Gletscher dazwischen erinnern an das Wetterhorn in der Schweiz. Nahe der Wasserscheide wird an dem kleinen Stavensee die Landschaft am großartigsten und wildesten, wo eine über 1500 m hohe schwarze Felswand, der Staven, emporragt.

Östlich von Hellesylt öffnet sich der schlangenartig gewundene Geirangerfjord

Abb. 84. Aussicht vom Goldhöpig.

Abb. 52. Landschaft bei Farde (Nordfjord).

(Abb. 53) als östliche größere Abzweigung des Sunelvsfjordes. Die Einfahrt in den Geirangerfjord ist großartig. Wie die ungeheuren Pylonen eines ägyptischen Tempels steigen sogleich die Berge senkrecht empor, auf der Südseite der Nokkeneb mit dem Stabbefonner darüber, auf der Nordseite der Hof Matvik. Lawinen und Steinschläge brechen von den 1000 m hohen Felswänden des Nokkeneb in den Fjord hernieder. Wenn die Schneelawinen vom Stabbefonner fallen, sollen nach Angabe Passarges auf der anderen Seite des Fjordes, der beinahe 2 km breit ist, infolge des Luftdruckes im Hofe Matvik die Fenster zerbrechen und ein dichter Schneestaub diesen Gaard überschütten. Die Höfe liegen nicht in der Tiefe des Fjordes, sondern auf den 600—800 m hohen Terrassen. Die felsigen Abstürze am Fjord und die darüber sichtbaren Flächen von Zebraschnee sind der reinste Typus norwegischen Plateauabfalles. Sie könnten, meint Gußfeldt, als Modell dienen für die Bildung von Wasserfällen. Denn auf diese gründet sich in ihren verschiedenen Erscheinungsformen vornehmlich der Ruhm von Geiranger. Aber selten reicht der Schnee der Höhen so weit hin, daß die fallenden Wassermengen während des ganzen Sommers gleich mächtig bleiben. Die schönsten Fälle sind auf der Nordseite, unter ihnen die sieben Schwestern. Oft stürzen sie von den 1000 m hohen senkrechten Wänden mit einem Satze in die Tiefe. Die einen — so beschreibt Passarge ihre Gestaltungen — schlagen hier und da auf, verschwinden in der Luft und erscheinen wieder als Schleier vor den schwarzen Gneisfelsen, die anderen berühren mehrere tausend Fuß die Felswand gar nicht. Ein Windhauch entführt sie; andere zerteilen sich wie in Nebel, aber unten im Fjord sieht man ein Silberband und hört auch ihr Plätschern. Wieder andere stürzen in tiefe Schluchten, unter Riesenbrücken herab, wahre Ströme und füllen die Luft mit einem betäubenden Brausen. An einer Stelle ist die Felswand in der Breite von mehreren hundert Fuß ganz mit Wasserfällen bedeckt. Decken Nebel die Berge, fügt Baedeker noch hinzu, dann scheinen die Wasserfälle unmittelbar aus den Wolken zu kommen.

Abb. 83. Kjendalsbræ.

Im innersten östlichen Winkel des Fjordbeckens liegt Meraak mit kleinen Gärtchen, in denen Kirsch- und Apfelbäume, Stachel- und Johannisbeeren gedeihen. Die Umgebung ist großartig.

Die Nordseite des Storfjordes ist fast ganz in Inseln aufgelöst. Hier liegt Aalesund (Abb. 85) auf den Inseln Nordö und Aspö, die durch eine Brücke miteinander verbunden sind. Der Ort ist 1848 zur Stadt erhoben und zählt gegenwärtig 8500 Einwohner. Es ist ein Hauptstapelplatz für den Dorsch.

Der nächste weiter nördlich gelegene Fjord ist der Moldefjord. Dieser zeigt uns einen neuen Typus, in dem der Fjord sich von einem schmalen Eingange aus zu einem breiten Seebecken erweitert und von hier aus drei parallele Arme nach Osten sendet (nicht nach Süden, wie der Storfjord). Der Typus der beckenartigen Erweiterung findet sich auch am Trontheimfjord. Der Fjord hat seinen Namen von dem Städtchen Molde (Abb. 86 und 87), mit 1600 Einwohnern, das mitten vor der gerade verlaufenden Nordseite des inneren Beckens liegt und gegen den Nordwind und den unmittelbaren Einfluß der See durch hohe Bergrücken geschützt ist und sich darum eines milden Klimas erfreut. Wegen seiner reizenden baumreichen Umgebung ist es der Lieblingssommeraufenthalt der reichen Fischhändler von Aalesund südlich und Kristiansund nördlich vom Moldefjord. Außerdem aber erfreut sich Molde eines sehr starken Fremdenverkehres; denn die Landschaften am Fjord und seinen Zweigen vereinigen Lieblichkeit und Großartigkeit in seltener Weise. Der Fjord selbst bietet ein weit gespanntes Wasserfeld, das von Osten nach Westen wohl 30 km sich erstrecken mag und wunderbare Färbungen und Spiegelungen in buntem Wechsel zeigt. Die Inseln, die den Vordergrund bilden, ragen mit sanft abgerundeten Formen nur wenig über den Wasserspiegel hervor und sind zum großen Teil mit niedrigem Tannenwalde bewachsen. In größerer Entfernung türmen sich zahllose Gipfel, Hörner, Spitzen und Zacken übereinander, die in ihrer Gestalt an die kühnsten Felsstöcke der Alpen erinnern. Noch eingehender charakterisiert

Güßfeldt die Landschaft. „Bei klarer Luft ist der Anblick der Landschaft von einer geradezu unbeschreiblichen Schönheit. Der weite Fjord wird zu einem Alpensee, so breit wie der Genfersee bei Lausanne. Den grünen Gehängen, welche hinter dem nordischen Städtchen aufsteigen, liegen jenseits des Wassers im Süden und Südosten schneetragende Alpenketten gegenüber. Die Vegetation zeigt eine Üppigkeit, als ob die Fahrt vom Sognefjord hierher nicht nordwärts, sondern gegen Süden gegangen wäre. Bäume von einer Höhe und Stärke, an die das Auge längst nicht mehr gewöhnt ist, ziehen sich am Strande des Fanefjordes (östlich von Molde) hin, besonders Lärchen, aber auch Birken und Ahorn." Wegener erwähnt außerdem noch Eichen, Kastanien, Akazien, Linden, Buchen und mancherlei Obstarten. In üppigem Wachstum ranken Rosen und Geißblatt an den Mauern auf, und die vielen blumenreichen Gärtchen vor den Häusern Moldes und die prächtigen Anlagen um die Villen des Fanestrandes zeigen, daß die Bewohner zu pflegen wissen, was eine gütige Natur ihnen mit freigebiger Hand verliehen hat. Passarge nennt Molde daher geradezu die Blumenstadt. Das Klima ist trotz der Breitenlage von 62° 40' n. Br. doch auch im Winter so milde, daß fremde Bäume, z. B. Paulownien, unbedeckt bleiben.

Die drei nach Osten sich erstreckenden Arme des Fjordes heißen der Fanefjord im Norden, der Langfjord in der Mitte und der Romsdalsfjord im Süden. Von diesen ist der nördliche Arm der kürzeste und am einfachsten gebaute, der Langfjord der längste, der im Osten unter dem Namen Eirisfjord nach Süden umbiegt und sich jenseits einer breiten Landenge (Eid) noch in derselben Richtung in dem 18 km langen Eikisdalsvand, in den die Auraelv fließt, fortsetzt. Endlich der südliche Romsdalsfjord gabelt sich noch in zwei kurze Zweige, den Indfjord gegen Süden und den Isfjord gegen Osten. Von diesem setzt sich gegen Südosten, aber ohne die bekannte Form eines Stausees, das großartigste Thal in der Nähe des Moldefjordes fort, Romsdalen.

Der Langfjord ist 30 km lang und 3 km breit, seine Ostspitze bei Eidsvaag ist nur 6 km von Eide am Sundelsfjord entfernt, eine von einer bequemen Landstraße durchschnittene Landenge zwischen zwei vollständig getrennten Fjorden, über die aber eine innere Verkehrslinie nach Kristiansund führt. Die südliche Abzweigung des Langfjordes, der Eirisfjord, ist 10 km lang. Je mehr man sich dem Südende dieser Seebucht nähert, desto großartiger wird die Landschaft. Gegen Südosten ragt die Skjorta (Schürze) mit ihren großen Schneefeldern empor, die ihr die Namen Schürze und weiße Kuh gegeben haben. Es öffnet sich das breite Eriethal mit dem Tustinde und dem Meringdalsnaeb, das schon am Nordende des Eikisdalsvand liegt; in der Mitte tritt der imposante Abfall der Goksören hervor, ein Gebirgsbild in dem Norwegen eigenen Stil, den (nach Passarge) noch kein Maler erschöpft hat.

Die südliche Abzweigung des Langfjordes, der Eirisfjord, ist 10 km lang und setzt sich im schaurigschönen Eikisdalsvand fort, der 60 m über Meer liegt und durch eine breite Moräne vom Fjord getrennt ist. Der See füllt einen Gebirgsspalt aus und hat an seinen Ufern nur wenig Ansiedelungen. Gletscher und Firn bedecken das Hochland, das in Gipfeln bis 1700 m aufragt und zahlreiche Wasserfälle zur Tiefe sendet; der bedeutendste darunter, der gegen 200 m hohe Marabalsfos, liegt am Südende des Sees. Scharfe, zackige Profile heben sich gegen den Himmel ab, eine düstere Färbung beherrscht die Gebirgshänge und das tintenblaue Wasser, das die Landschaft mit der Schärfe eines schwarzen Spiegels zurückwirft. Mit der Größe des ungeheuren Bildes, meint Passarge, lasse sich selbst in Norwegen nichts vergleichen, es seien denn die beiden großen Seen am Ende des Nordfjordes, Stryn- und Loenvand.

Unten bedeckt ein dichter Kiefern- und Laubwald die stark geneigten Abhänge, in denen man die so geschätzten Haselnüsse (Romsdalsnödder) sammelt. Im Winter friert der See fast immer zu, doch selten so stark, daß man mit Pferd und Schlitten darüber fahren kann. Über die Fülle der Wasserfälle bemerkt Passarge noch: „Die ganze Luft war von einem Rauschen erfüllt, das von den unzähligen Wasserfällen auf beiden Seiten kam, die einen näher, die anderen ferner, zusammen in eine

Abb. 64. Matanljoch (Graubdn.).

Symphonie vereinigt, in der sich jedes einzelne verlor, wie beim Rauschen des Meeres. Nur der Marabalsfos, der über 1000 m hoch aus dem Marabal stürzt und in seinem ersten Fall tönend auf eine Felsfläche aufschlägt, um in weitem Bogen in die Tiefe zu setzen, ein wirklicher Bergstrom an Größe und Wirkung, bildete gleichsam den Orgelpunkt in dieser Symphonie, an deren Größe keine Vorstellung reicht."

stürzt. In seiner Gestalt gleicht es auffallend dem Stockhorn in der Nähe des Thuner Sees. Gegenüber liegen die Hexenzinnen (Troldtinderne, Abb. 90). Hier an dieser Stelle, wo das Innere des Gebirges in einer Mächtigkeit von 1500 m bloß gelegt ist, hat man einen der großartigsten Durchschnitte des norwegischen Fjelds vor sich, die man sehen kann. Zur Rechten steigen in einem einzigen Absturze

Abb. 85. Aalesund.
Nach einer Photographie von Wilh. Dreesen in Flensburg.

Wenn man zu Schiff von Molde her nach dem Romsdalsfjord fährt, hat man gegen Süden ebenfalls den Blick auf diese freier und kühner als gewöhnlich in Norwegen gestalteten Gebirgsbilder. Der innere Teil des Fjordes heißt Isfjord (Abb. 88.); hier öffnet sich an der Mündung der Rauma bei Veblungsnäs das überaus malerische Romsdalen, durch das eine vortreffliche Straße nach Gudbrandsdalen führt. Zwar nicht das höchste, aber wildeste ist das Romsdalshorn (Abb. 89), das, bis 1881 unerstiegen, mit einem jähen Abfall von 1500 m zur unten fließenden Rauma ab-

von beinahe 2000 m die Troldtinder auf: unten ein eigentümliches Piedestal von Felsen und Muhren, oben ein eigentümlicher Kamm von kahlen Zinnen und Zacken, welche die Sonne selbst noch am hohen Tage verbergen. In einer Reihe von Gestalten hat die nordische Phantasie einen versteinerten Hochzeitszug mit einem Könige und einer bräutlichen Königin in der Mitte gesehen; andere Spitzen sollen heidnische Zauberer und Hexen gewesen sein, die der heilige Olaf ihres Widerstandes wegen dort durch christlichen Zauber besiegt und in Stein verwandelt hat. Die Schlucht wird mit

Abb. 56. Moloer, von Meiersbaugen gesehen.

jedem Schritte großartiger: nackte Felswände, wie in der Via mala.

Kommt man aus dieser Enge heraus, dann weicht die Wand des Romsdalshornes ein wenig zurück, und man fährt durch haushohe Blöcke, die von der Höhe herabgefallen sind. So geht es fort bis zur nächsten Station Horgheim (Horjem), in der das Thal sich wieder etwas erweitert, so daß man die Felsgipfel auf beiden Seiten bis zu ihrer Spitze erblicken kann. Kaum läßt sich in der Umgebung des Hofes eine Spur von Anbau entdecken. Lawinen und Schuttstürze sollen hier fürchterlich hausen. Man begreift kaum, wie die Leute sich ernähren, wie sie Vieh unterhalten können. Auf halber Höhe des Gebirges, über den steilen Abstürzen liegen fruchtbare Alpenweiden. Das Thal erweitert sich mehr und mehr, das Gebirge wird weniger zerrissen und steil. Es erhebt sich in treppenartigen Absätzen, auf denen schöne grüne Weidegründe sich ausbreiten. Südlich von Ormeim bildet die Rauma den schönen Slettafos (Abb. 91).

Erst von Stuefloten ab, 625 m, wird das Land öde: in der Tiefe Morast, auf den einförmigen Gehängen tiefer Sand mit wenigen verkrüppelten Tannen, einförmige Berge, die wie eine lange ununterbrochene Linie am Horizont hinlaufen. Bei Stuefloten liegt die Grenze zwischen Romsdalen und Gudbrandsdalen. Aber die Wasserscheide zwischen der Rauma und dem Loug liegt noch weiter oben auf dem Fjeld im Lesjeelogenvand. Nahe dem Westende dieses Hochsees liegt die Poststation Molmen, ein berühmtes Quartier der englischen Renntierjäger und Angelfischer.

Zwischen Molde und Trontheim gibt's wieder eine Küstenstrecke bei Kristiansund, wo die Schären fehlen; daher ist eine Seefahrt hier in der Regel wegen der sehr starken Dünung unangenehm. Kristiansund (Abb. 92 und 93), 1742 gegründet, eine Stadt von 12 000 Einwohnern, liegt dicht am brandenden Meere auf mehreren Felsinseln, die einen schönen, meist sicheren Hafen einschließen; die Häuser umsäumen das Hafenbecken. Die eigentliche Stadt

Abb. 87. Moldebucht.
Nach einer Photographie von Wilh. Dreesen in Flensburg.

Abb. 94. Jølfjord.

liegt auf der Insel Kirkelandet und steigt terrassenartig auf. Den Verkehr zwischen den einzelnen Inseln vermittelt ein Dampfschiff.

Südöstlich von Kristiansund bringt noch ein Fjord tief ins Land hinein, der Sundalsfjord. Er liegt östlich vom Moldefjord, in ihn ergießt sich die Sundalselv, die vom Dovrefjeld herabkommt. Nahe ihrer Mündung liegt Sundalsören, von den mächtigen, schroff aufsteigenden Gneisbergen überragt (Abb. 94). Die Lage des Ortes ist großartig, aber die Berge haben nicht mehr die wilden, kühnen Formen des Romsthales. Das Thal selbst kann wohl auch auf kurze Strecken mit Romsdalen wetteifern, wenn auch nicht völlig erreichen. Die Straße, die durch das Sundal aufwärts führt, erreicht später auf dem Dovrefjeld bei Aune die große, aus Gudbrandsdalen kommende Straße, die gerade nordwärts auf Trontheim zu läuft.

Trontheim, die alte Krönungsstadt der nordischen Könige, soll von Olaf dem Heiligen 1016 gegründet sein. Bis zur Mitte des XVI. Jahrhunderts hieß sie Nidaros, das heißt Nidamünde, nach dem Flusse, an dessen Mündung sie auf der Südseite des Fjordes liegt und zwar auf einer plumpen Halbinsel zwischen Fluß und Fjord. Die Stadt zählt gegenwärtig 34000 Einwohner. Im Anfange des XIX. Jahrhunderts belief sich nach Leopold von Buchs Angabe die Bevölkerung auf etwa 9000 Seelen.

Der Fjord, an dem die Stadt liegt, hat Ähnlichkeit mit dem Moldefjord, insofern er sich nach einer schmaleren Einfahrt von der See her beckenartig erweitert. Dieses innere Becken des Fjordes ist breiter als bei Molde und entsendet nach Nordosten noch weitere Ausbuchtungen, ohne wie bei allen bisher geschilderten Fjorden sich in Äste und Zweige zu gliedern, die gegen das Binnenland spitz zulaufen und gewöhnlich an einer Flußmündung endigen. Schon aus der Gestalt des Trontheimer Fjordes möchte man schließen, daß die Umgebung nicht hochgebirgig sein kann, sondern daß Ebene und Hügelland vorherrscht. Daraus folgt weiter, daß das Klima milde und das fruchtbare Hügelland gut bewohnt sein muß. Der Fjord friert nie zu, der Fluß selten. Das südtrontheimer Amt hat daher nächst Jarlsberg und Laurvik (42 Einwohner auf 1 qkm) die dichteste Bevölkerung, nämlich 29 Einwohner auf 1 qkm. Abgesehen vom Kristianiafjord, der vier Breitengrade südlicher liegt, kann kein anderer Fjord außer dem von Trondheim mehrere Städte an seinen Ufern aufzählen. Hier sind es außer der alten Krönungsstadt noch Stenkjor mit 2000 Einwohnern und Levanger mit 1000 Einwohnern. Vom milden Klima zeugen die noch prächtig entwickelten Linden, die Obst- und Walnußbäume. Die Drontheimer Äpfel sind wegen ihres Aromas geschätzt. Wie Molde so gilt auch Trondheim als Blumenstadt, in der die Blumenpflege in ganz Norwegen am bedeutendsten ist. Außerdem wächst aber auch in der Umgebung des Fjordes mehr Getreide, als die Bevölkerung bedarf. Kein Wunder, daß die Zahl der Bewohner mehr zunehmen konnte, als in anderen Teilen des Landes. Hier lag schon in alter Zeit der Schwerpunkt des Landes, hier haben die heidnischen Jarle (Häuptlinge) lange der Annahme des Christentums widerstanden, hier fiel bei dem Hofe Stillestad (bei Vaerdalsören, östlich von Levanger) Olaf der Heilige am 29. Juli 1030. Ihm wurde der Dom in Drontheim geweiht. Und später, als die Dänen größeren Einfluß gewannen und die Hansa sich in Bergen festsetzte: hier blieb das norwegische Wesen selbständig, hier entstand die eigentliche nationale Hauptstadt.

Die Stadt mit ihren Wohnhäusern hat auf die fremden Besucher durchaus verschiedene Eindrücke hinterlassen. Während der eine die Stadt nüchtern nennt, mit rechtwinklig sich kreuzenden Straßen und roten Dächern, wird ein anderer durch die vielen niedrigen Holzhäuser und Baumreihen an südamerikanische Landstädte erinnert.

Das Äußere der Stadt hat neuerdings bedeutende Veränderungen erfahren, und dann nennt wieder ein neuer Reisender Drontheim eine der freundlichsten, wohlhabendsten und behaglichsten Städte Norwegens. „Die Stadt mausert sich," meint Passarge; kein stärkerer Gegensatz als die alten Holzhäuser, aus denen noch jetzt die meisten Straßen bestehen, und die palastartigen Bauten der Banken, der Hotels und des Arbeitervereins. Man hat einen ganz neuen weiten Hafen angelegt, und auch ein Centralbahnhof für die Aufnahme der Züge von Schweden und Kristiania ist entstanden. Das berühmteste Bauwerk der Stadt ist der Dom, (Abb. 95), der vom König Olaf Kyrre über dem Grabe Olafs des Heiligen gegründet wurde. Da die Bauzeit vom XI.—XIV. Jahrhundert dauerte, so ist der Dom teils romanisch, teils gotisch. Trotz mehrfacher bedeutender Beschädigungen durch Blitz und Feuersbrünste bleibt der Dom immer noch die großartigste Kirche Norwegens. Seit 1869 wird er vollständig wiederhergestellt und ersteht aus seinen Trümmern zu neuer Pracht. Hier wurden alle Könige gekrönt und auch Oskar II. im Jahre 1873. Der Dom ist aus einem wunderbaren Materiale gebaut, aus einem grünlichen weichen Seifenstein, den man mit dem Messer schneiden kann, der aber trotzdem vollkommen dem Einflusse der Atmosphäre und namentlich des Frostes widersteht. Die Einzelheiten, besonders an der Außenseite sind von einer merkwürdigen fremdartigen Unbeholfenheit, das Innere aber wirkt machtvoll und durchaus künstlerisch.

Trondheim genießt dadurch einen großartigen Vorzug vor der größeren Stadt Bergen, daß es mit beiden Hauptstädten Skandinaviens, mit Kristiania und Stockholm, durch Eisenbahnen verbunden ist. Allerdings sind die Entfernungen sehr bedeutend und betragen bis Kristiania 562 km, bis Stockholm gar 854 km. Das entspricht etwa dem Abstande von Leipzig bis Köln oder von Leipzig nach Trient. Die Verbindung mit Schweden ist aber auch dadurch wichtig, daß Drontheim mit seinem stets eisfreien Hafen für die Winterzeit zugleich der Hafen für das benachbarte Schweden wird, dessen Küsten monatelang durch Eis gesperrt sind. Die Verbindung mit Schweden bestand übrigens schon früher, wurde aber mehr vom Städtchen Levanger aus gepflegt. Dieser Ort liegt nordöstlich von Drontheim auf einer Verwitterungsschicht von Thonschiefer, die fettes, fruchtbares Land bildet, das mit großen, wohlhabenden Höfen besetzt ist. Diese sind meist mit Gärten umgeben, in denen man Hopfen, Rüben, Möhren und andere Gartengewächse in großer Menge gewinnt.

Südlich von Drontheim, etwa 8 km von der Stadt entfernt, bildet die Nidelv einen schönen Wasserfall, der dem Rheinfall bei Schaffhausen ähnelt. Es ist der Lerfos, der in einer Breite von 100 m in zwei Abstürzen, im kleinen Lerfos 23 m, im großen 50 m fällt. Blumige Ufer umgeben die Fälle, die Hügel bestehen auch

Abb. 89. Das Rombachhorn.

Abb. 19. Troldtinderne.

hier, wie bei Levanger, aus fettem Thon; das Grundgestein ist grüner Chloritschiefer, daher hat das Wasser eine durchsichtig grünliche, braungraue Farbe.

Nördlich von Trontheim liegt, 1½ km vom Ufer entfernt, die kleine befestigte Insel Munkholm. Im Jahre 1028 wurde sie zuerst von Benediktinermönchen besiedelt, die dort ein Kloster errichteten, aber nach der Reformation vertrieben wurden. An Stelle des Klosters wurden 1658 Befestigungen angelegt und die Insel wohl auch als Staatsgefängnis benutzt. Jetzt besteht die Besatzung nur aus einem Unteroffizier und drei Soldaten. Die Aussicht von der Insel aus über die Stadt und die Umgebungen des Fjordes ist sehr schön.

In eine Bucht westlich von Trontheim ergießt sich die Gula. Das Thal dieses Flusses hat seine Bedeutung in der älteren Geschichte des Landes, es zeigt uns auch den eigenartigen Charakter der offenen, fruchtbaren Landschaften an dem ganzen Fjord. „Das Guldal," sagt von Buch, „ist ein schönes Thal, so groß, so weit, so schön umgeben und bewohnt. Es sind gar liebliche Ansichten im Thal hinunter, über so viele und so ansehnliche Höfe und Kirchen, und in der Mitte der breite, gläuzende Strom. Von jedem Hügel lacht Fruchtbarkeit und Anbau entgegen. Die ganze Vorzeit ist in diesem Thale zusammengedrängt; es ist die Wiege des Landes. Hierher kam, der Sage nach, Norr zuerst von Schweden herüber. Hier wohnte der mächtige Hakon Jarl; in diesem Thale suchte und überwand ihn der tapfere, edle und kluge Abenteurer Oluf Trygvason. Hier wohnten auf ihren Höfen so manche Helden des Landes, und nie glaubten die Könige, wenn sie sich blutig um die Herrschaft des Landes stritten, daß sie ohne Trontheim und seine Thäler sich bedeutende Fortschritte im Besitz des Reiches erkämpft hätten."

XI.

Wenn man die ganze atlantische Seite Norwegens in zwei Teile zerlegt, wird man den Schnittpunkt nach Trontheim verlegen. Die südliche Hälfte besitzt sieben tiefe Fjorde, die malerischen Küsten sind von zahlreichen Schären umsäumt. Die nördliche Hälfte von Trontheim bis zum Nordkap entbehrt der größeren ins Festland einschneidenden Fjorde, doch besitzt sie einen großen, durch eine selbständige Inselgruppe gebildeten Fjord, den Westfjord. Zwischen dem 65.

und 69. Grad n. Br. sind auch hier die Küstenlandschaften von großer Schönheit durch die schroffen Felsformen, bei denen Abstürze von 600—1000 m vorkommen, namentlich in der Lofotgruppe. Die Fjorde haben meist einen anderen Charakter als im Süden. Das Wildromantische macht einer stillen Großartigkeit Platz. Die Ufer und Thäler sind oft mit Fichtenwäldern bedeckt. Der obere Anfang der Fjordthäler liegt stets schon an der schwedischen Grenze, denn bis über Tromsö hinaus bildet Norwegen nur einen schmalen Küstenstreifen. Auch der innere Anfang des Fjordes selbst ist nicht sehr weit entfernt von der schwedischen Grenze: der Ranenfjord 37, der Stjerstadfjord 30, der Tysfjord 12 und der Ofotenfjord nur 8 km. Nördlich vom 65. Grad n. Br. zeigen die Felsinseln vor der Küste häufig eine außerordentlich phantastische Form, die die Aufmerksamkeit des Reisenden fesseln. Dahin gehören der Torghatten, Hestmandsö (Reiterinsel), die Gruppe der Threnstave, die sich als ungeheure Steingerippe über die See erheben. Rodö (Rotinsel) erinnerte den Kaiser Wilhelm II. an eine Sphinx, Landegode ähnelt Capri.

Eine Fahrt an der Küste entlang von Trontheim bis zum Nordkap bietet also viele interessante und großartige Punkte, namentlich auf Lofot; trotzdem wirkt sie eintönig. Darum macht auch selten ein Tourist diese Fahrt zum Vergnügen zweimal. Wahrscheinlich führt der Reiz der Mitternachtssonne die meisten Neugierigen bis ans Nordende von Europa. Die norwegischen Postdampfer brauchen, je nach der Zahl der Plätze, die sie anlaufen (es gibt deren im ganzen 90) von Trontheim bis zum Nordkap 7—14 Tage, die Touristendampfer brauchen zur Hin- und Rückfahrt acht und neun Tage und laufen dabei folgende sieben Punkte stets an: Torghatten, Svartisen, Raftsund, das Lappenlager bei Tromsö, den Lyngenfjord und das Nordkap. Dabei kommt also noch nicht einmal jeden Tag eine Besichtigung. Das ist entschieden zu wenig befriedigend. Anders verhält es sich, wenn man mit gehöriger Muße nach Belieben seinen Aufenthalt wählen kann. Dann gehört, natürlich bei gutem Wetter, eine Nordfahrt zu den schönsten Reisen, die man überhaupt in Europa machen kann. Die Schönheit beruht allein auf den weiten Ausblicken und den Beleuchtungseffekten. Schöner als die Aussicht von Digermulskullen auf Lofot, wenn die mitternächtige Sonne die Gletschergipfel auf den Inseln erglühen läßt, ist der Blick von Camaldoli auf Neapel oder von Taormina auf den Ätna nicht. Das sind große Kunstwerke der Natur, deren Eindruck gleich mächtig bleibt, wenn er auch

Abb. 91. Slettafos Romsdal.

mit noch so verschiedenen Mitteln erzielt ist (E. Richter).

Anfangs bietet die Fahrt am wenigsten Interesse; man fährt immer zwischen höheren und niederen Inseln hin, hat rechts in geringer Entfernung die Berge des Festlandes oder auch Inseln, was schwer zu unterscheiden ist. Alle Inseln sind felsig, von altem Inlandseis rund poliert und spärlich bewachsen. Der erste besuchenswerte Fjord ist der Ramsenfjord, denn von hier an nehmen die Formen der Landschaft allmählich an Größe und Kühnheit zu.

Die Berge erreichen bereits 1000 m Höhe, sind kahl mit einzelnen Schneefleden. An ihrem Fuße dehnt sich überall eine Küstenebene, mehrere hundert Meter breit und einige Dutzend Meter über das Meer erhaben, felsig und abgeschliffen und zum Teil bebaut. Nach Richters Beobachtung fehlt sie auch am Fuß der steilsten Böschungen nicht. Demselben Niveau gehören auch alle Schären an. Ihre Entstehung ist ohne Zweifel auf die Brandung des Meeres zurückzuführen.

Am Ramsenfjord liegt Ramsos (d. h. Mündung der Ramsenelv), ein 1845 gegründetes Städtchen von 2000 Einwohnern. Riesige Holzspeicher, sogenannte Seebuden, liegen am Meere; denn auf dem Flusse, der auch sehr reich an Lachsen ist und der eine beträchtliche Wassermenge der See zuführt, kommen unzählige Balken, Bretter ꝛc. herunter und gehen bis an die russische Grenze. Bis Vadsö und Kola, schrieb von Buch, gibt es kaum ein größeres Haus oder eine Kirche, die nicht von Ramsens Balken gebaut wäre. Das Küstenwasser nördlich von Trontheim bis Tromsö namentlich auf den flachen Gründen der Vigteninseln bei Ramsos, ist sehr fischreich, denn hier zieht der Hering im Sommer der Nahrung wegen zu Land. Dann fängt man den „Fetthering". Wo man die dicht gedrängten Heringszüge zuerst wahrnimmt, wird von zahlreichen Telegraphenstationen an der ganzen Küste entlang die Fischerflotte telegraphisch herbeigerufen und meist durch Dampfer herangbugsiert; auch wird nach allen Seiten nach Tonnen und Salz telegraphiert, das auf Extradampfern zugesandt wird. Am Strande sieht man vielfach die Hütten der fast ausschließlich von der Fischerei lebenden Strandsitzer (Baedeler).

Gleich nördlich von dem Ramsenfjord öffnet sich der Foldenfjord, der auf der Nordseite durch die Gruppe der Vigteninseln begrenzt ist. Der Folden ist gefürchtet, weil er des Schutzes der Schären entbehrt. Daher verlieren die Nordlandsfahrer fast jährlich hier einige Jachten auf ihren langen und beschwerlichen Reisen nach Bergen.

Auch über die Fischer ist oft das Unglück hereingebrochen, wenn sie beim Fang beschäftigt waren. So hat das Unglücksjahr 1625 lange in der Erinnerung der Anwohner gehaftet. Auch Peter Daß gedenkt dieses traurigen Ereignisses in seiner Nordlandstrompete:

Ich kenne so manchen, der alle Zeit
Die Wogen pflügte, zu allem bereit,
Und mußte mit Schrecken end'gen.

Ich kannte auch manchen betagten Mann,
Des Leben und Alter zur See verrann,
Mit allen Gefahren vertraut.

Ein Sturmwind aus einem Felsenschlot —
Da liegt er im plötzlich gekenterten Boot,
Im Lederrock gut verstaut.

Ich denke auch jener unglücklichen Stund',
Da gegen fünfhundert gingen zu Grund,
Auf dem hohen Meere von Folden.

Vergebens der Kampf gegen Sturm und Braus,
Von tausend Seelen, die fuhren aus,
Kaum dreihundert sich retten sollten.

Zwischen Innervigten und dem Festlande liegt Naerö auf einer kahlen öden Insel an einem engen Sunde; hier war sonst ein besuchter Markt, wo die Nordlandsbewohner mit den Kaufleuten von Trontheim am 24. Juni zusammenkamen und Waren tauschten. Hat man den Sund passiert und die Insel Leka erreicht, dann befindet man sich, jenseits des 65. Grades n. Br., an der Grenze des Nordlandes, das bis zu den Lofot reicht und aus den drei Vogteien: Helgeland, Salten und Lofot besteht. Das nördlichste Gebiet von Norwegen zwischen 69 und 71° n. Br. wird dann unter dem Namen Finmarken zusammengefaßt.

Das erste berühmte Wahrzeichen im südlichen Helgelande ist die merkwürdige Felseninsel Torghatten (Abb. 96 und 97), aus einem hutförmigen Felsen bestehend mit einem mächtigen Thor oder einem Loche, das in einer Höhe von 123 m über Meer die ganze Felsenmasse durchbricht, so daß

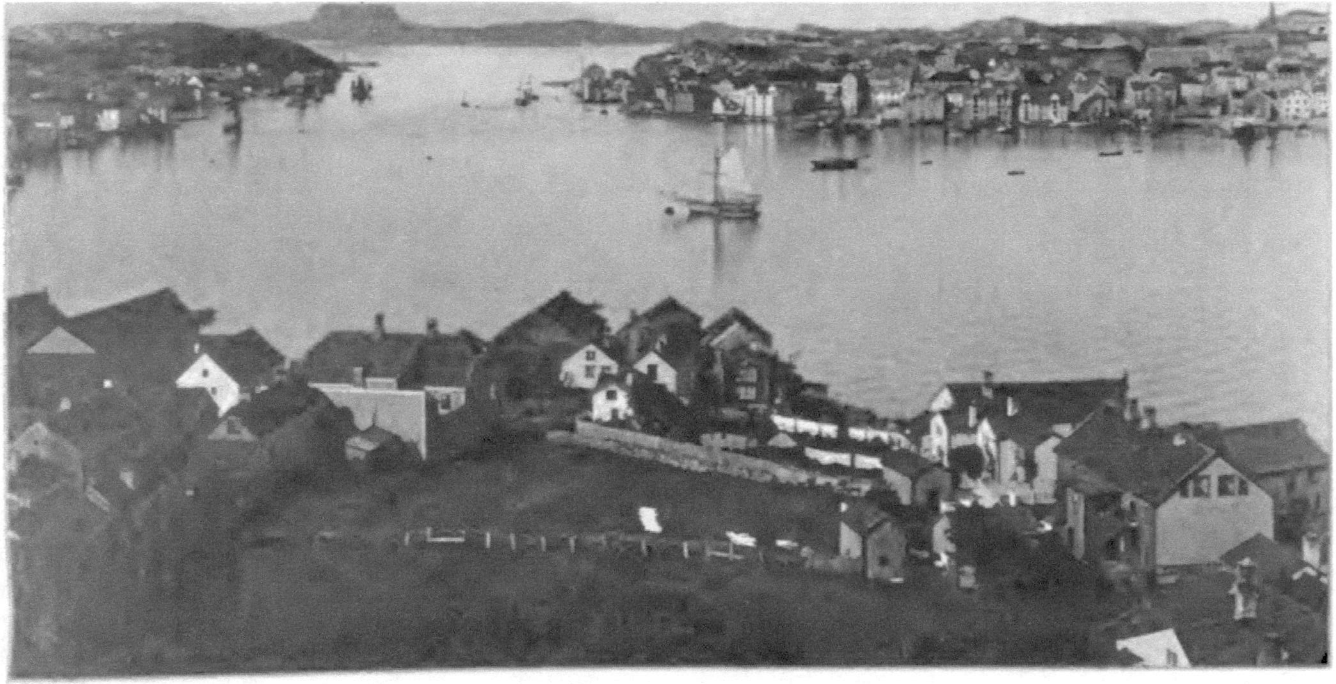

Abb. 92. Kristiansand.

man hindurchsehen kann. Die Insel selbst hat eine Höhe von 250 m. Auf der Westseite beträgt die Höhe des Thores 71 m, an der Ostseite 39 m, in der Mitte 29 m. Die Länge des Tunnels wird zu 290 m, die Breite zu 11—17 m angegeben. Die Seitenwände sind meist glatt, fast lotrecht, an einigen Stellen wie künstlich ausgemeißelt. Der Boden des Gewölbes ist mit feinem Sande bedeckt und so eben, daß man zur Not da fahren könnte. Am Abhange beiderseits liegen zahlreiche Blöcke und erschweren das Hinaufsteigen. Aber es ist ein unbeschreiblich schöner und erhabener Anblick, durch dieses Riesenteleskop das außen liegende Meer mit seinen unzähligen Inseln und Schären und den daran sich brechenden Wellen zu beschauen, wenn dies alles von der Sonne beleuchtet ist.

Nahe der Küste liegt unter dem 66. Grad n. Br. die größere Insel Alsten mit den sieben Schwestern (syv søstern), sieben Bergspitzen, die weit in die Schneeregion hinaufragen und unten mit schwarzen Felsen sich

fast senkrecht in das Meer hineinstürzen. Ihre Höhe beträgt 800—1000 m. Namentlich von der Nordseite her bilden sie einen über alle Beschreibung erhabenen Anblick, besonders wenn die Sonne der Nacht die Gipfel vergoldet. Die Kette dieser Felsspitzen läuft mit dem Vessenfjord parallel, und die größten und furchtbarsten Abstürze sind gegen den Fjord gerichtet. In Alstahoug auf Alsten lebte der norwegische Dichter Peter Daß von 1689—1708 als

Abb. 93. Kristiansund.
(Nach einer Photographie von Wilh. Dreesen in Flensburg.)

Pfarrer. Am volkstümlichsten und noch im Volke nicht vergessen war sein beschreibendes Gedicht, die Nordlandstrompete, in der er das Leben und Treiben in seiner Heimat mit gesundem Mutterwitze schildert.

Östlich von Alsten zieht der Vessenfjord ins Land und nordöstlich der größere Ranenfjord, der sich in ähnlicher Weise, aber in kleineren Verhältnissen, ausweitet, wie der Drontheimer Fjord. Beide haben reich bewaldete Ufer und ein Hinterland voll reicher Waldbestände; daher hier viele Schneidemühlen und bedeutender Holzhandel,

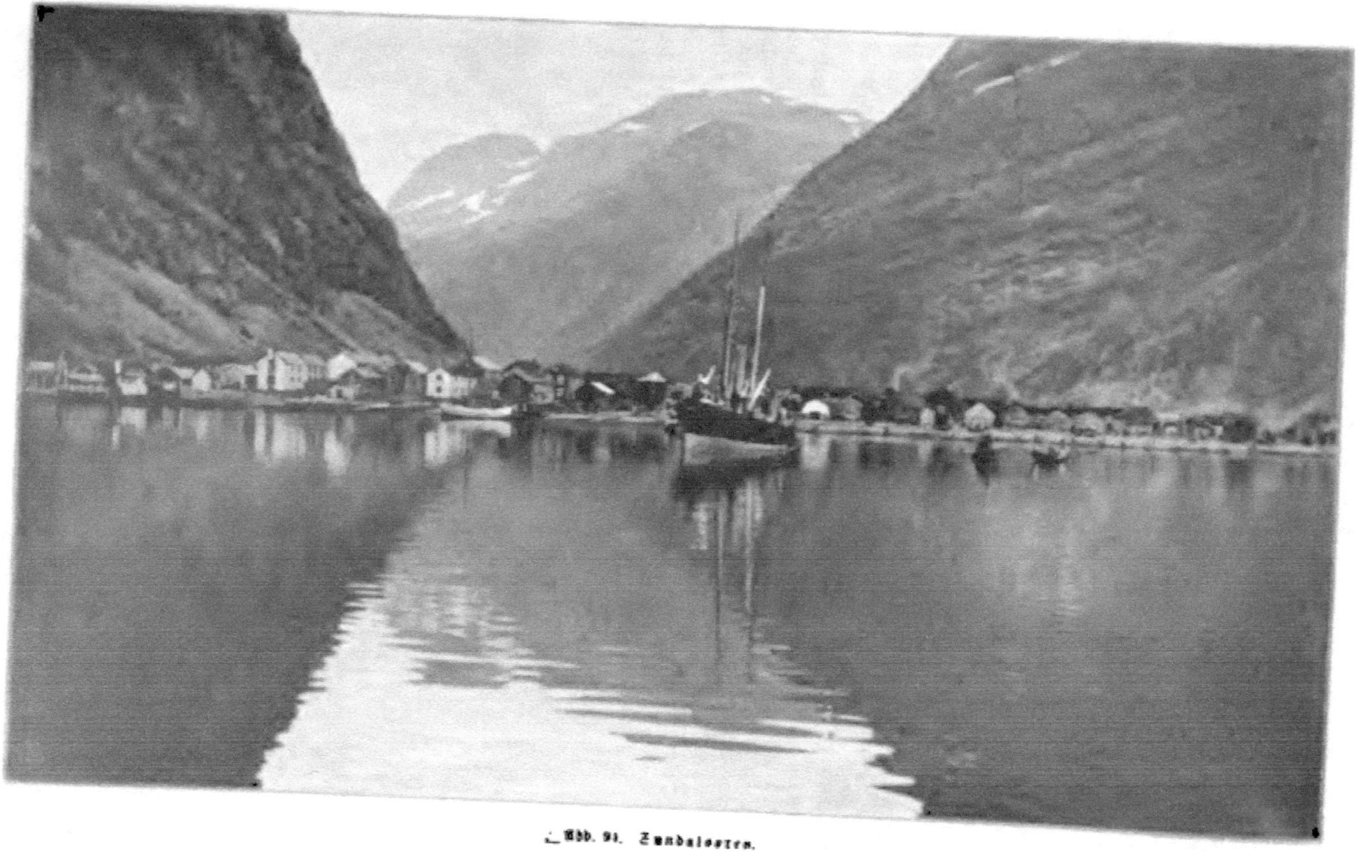

Abb. 91. Sundalsören.

doch am meisten am Ranenfjord. Hier blüht auch seit alter Zeit der Schiffbau. Jährlich werden gegen 2000 Ranenboote gebaut, ganz nach dem Stil der alten Wikingerschiffe, lang und schmal mit hohem Vorder- und Hintersteven, für Ruder und Segel. Nördlich von Drontheim sieht man kaum eine andere Art Boot. Es ist die nationale Form, die auch für Sport verwendet wird.

Eigentümlich sind dem Küstenmeere des Nordlandes die vielen kleinen Holme und Schären in der Umgebung der größeren Inseln; es sind die Brutplätze der Eiderenten. Die Tiere dürfen nicht geschossen werden. Sie nisten auf den niedrigen Felseninseln, wo nichts wächst als Flechten und Wachholder, und legen fünf bis sechs Eier. Die Nester füttern sie mit ihren Brustfedern, und diese werden gesammelt. Mehrere zusammenliegende Holme bilden ein Vaer, einen Privatbesitz.

Etwa am Polarkreise erhebt sich ein Inselfelsen, dem man den Namen „Hestmand" (Abb. 98), das ist Reiter, gegeben, weil man in der Ferne die riesige Gestalt eines Mannes zu Pferde darin zu erblicken glaubte, dessen langer Mantel über den Rücken des Pferdes und bis zur Meeresfläche niederwallt. Dieser Felsen, der von einer anderen Seite pyramidenartig erscheint, mißt eine Höhe von 530 m. „Alle sonstigen in Stein verwandelte Gestalten, eine Frau Hütt, und die vielen wilden Männer in den Alpen, sind nichts als Kinderspielzeug, verglichen mit diesem Reiter, der ungefähr dem Inselsberge im Thüringer Walde an Größe gleichkommt, wenn man die Höhe von der Thalsohle bei Gotha berechnet" (Passarge).

Zwischen dem Polarkreise und dem 67. Grad n. Br. erstreckt sich an der Küste der Swartisen- (Abb. 99), d. h. Schwarzeisgletscher, das letzte große, 55 km lange Firnmeer im Norden, das unmittelbar bis an die Fjordenden herantritt und bei der klaren Luft des Nordens auch aus weiterer Ferne, von der See her, bei einer Höhe von 1200 m in seinen Einzelheiten deutlich sichtbar wird. Von Süden her bringt gegen den Gletscher der Melfjord vor, dessen Ufer fast ganz unbewohnt sind.

In den mittleren Teil des Swartisen bringt der Holandsfjord ein. Hier liegen

Abb. 95. Domkirche zu Drontheim.
Nach einer Photographie von Wilh. Dreesen in Flensburg.

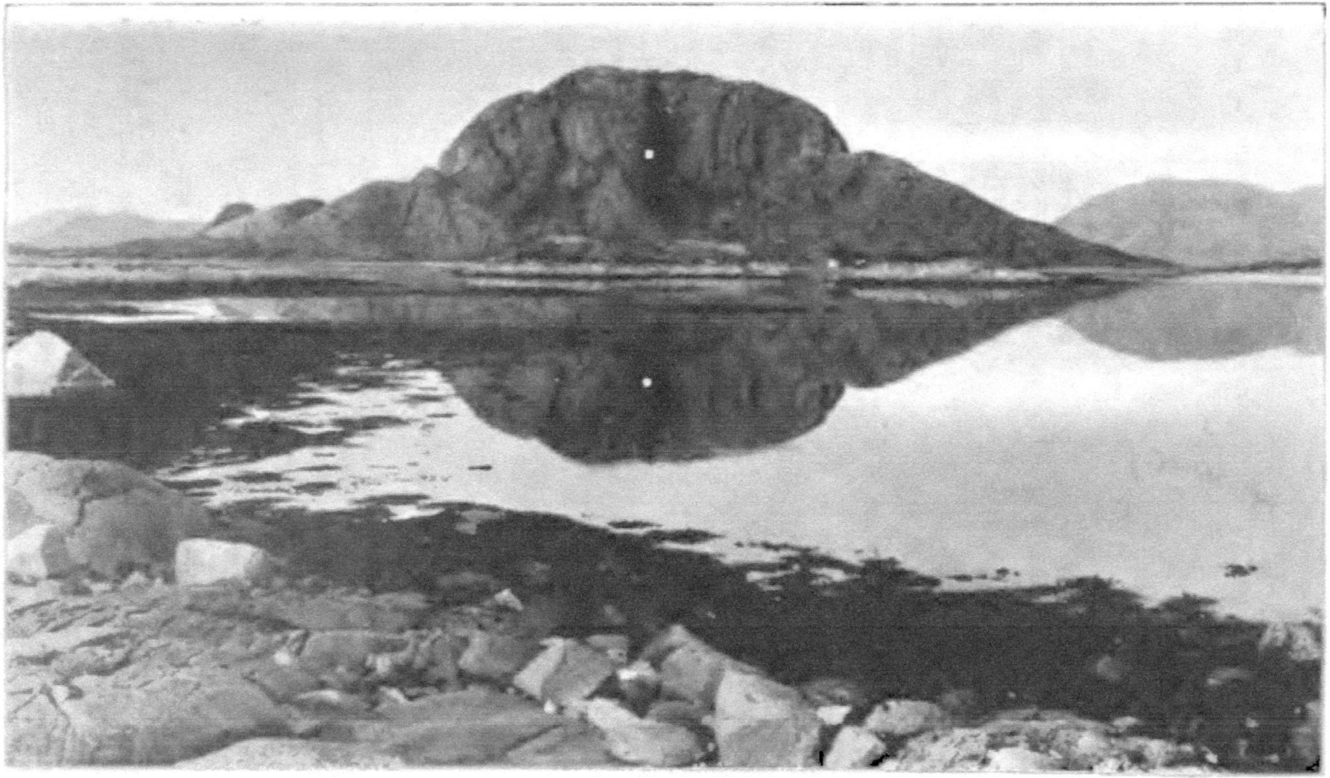

Abb. 96. Bergketten (Nordland).

Abb. 97. Torghatten.
(Nach einer Photographie von Wilh. Dreesen in Flensburg.)

die merkwürdigsten Gletscher, die von dem Hochlande bis fast ans Meer niedersteigen und von denen der eine an seinem unteren Ende nur noch 12 m über dem Spiegel des Fjordes liegt. Diese Gletscher sind außerdem auch noch durch die Breite und Eismenge ausgezeichnet. Ihre Umgebung gleicht einer buschigen Wiese, wo zwischen Weiden- und Birkengebüsch Anemonen, Vergißmeinnicht, Glockenblumen und andere blühen.

Das Nordende des Firnmeeres läuft gegen die See in das Vorgebirge Kunnen aus, ein breites, weit ins Meer verspringendes Kap, ein eigenes Gebirge von 600 m Höhe, das die Landschaften Helgeland und Salten scheidet. Diese Felsen haben etwas unbeschreiblich Hohes und Impo-

santes. Die Abstürze sind ganz senkrecht und kahl und wohl 300 m hoch; selten gibt es unten am Wasserrande einige wenige Stellen, die nur den Fuß ans Land zu setzen erlauben.

Die schönste Aussicht auf das ganze Firnmeer hat man von der Insel Grono aus, die nördlich vom Ausgange des Holandsfjordes liegt (Abb. 100). Die Landschaft ist außerordentlich klar bis zu den über das ganze Bild ausgestreckten weißen Höhen des Firnmeeres. Die buschigen Inseln spiegeln sich im stillen Wasser mit außerordentlicher Klarheit, und doch läßt sich nicht erkennen, von welcher Seite das Licht kommt. Es ist Mitternachtssonne.

Sobald man den Polarkreis erreicht hat, treten Beleuchtungserscheinungen der Sonne ein, die uns, den Bewohnern der gemäßigten Breiten, unbekannt bleiben; und diese Erscheinungen verstärken sich, je weiter man nach Norden vordringt. Der gewohnte Wechsel von Tag und Nacht binnen 24 Stunden, der unser Leben regelt, hört auf. Der hohe Norden hat dafür im Hochsommer wochenlang Tageshelle, aber dagegen um Weihnachten ebenso lange Nacht.

Wie die Länge dieses langen Sommertages gegen Norden wächst, ergibt sich aus folgenden Angaben:

Der Mittelpunkt der Sonnenscheibe bleibt sichtbar in:

Bodö, 67° 17' n. Br. vom 1. Juni bis 10. Juli,
Tromsö, 69° 38' n. Br. vom 19. Mai bis 23. Juli,
Hammerfest, 70° 40' n. Br. vom 14. Mai bis 28. Juli,
Nordkap, 71° 10' n. Br. vom 12. Mai bis 31. Juli.

„Die immer klare und heitere Sonne", schreibt L. von Buch, „gibt diesen Tagen etwas unbeschreiblich Reizendes. Wenn sie um Mitternacht gegen Norden am Himmel fortläuft, so empfindet die Gegend, wie in südlichen Breiten, die Ruhe des Abends; wenn sie sich wieder erhebt, wie dort, das

Erwachen des Morgens. Und das ist eine ungetrübt frohe Empfindung, denn das traurig-sehnsuchtsvolle Gefühl, wenn die Sonne unter dem Horizont sich ins Meer senkt, verbittert sie nicht. Steigt die Sonne wieder, so ergießt sie auch sogleich neue Wärme über das Land. Und kaum ahnt man, daß der Abend fortschreitet, so belehrt schon das Thermometer, daß auch die Mitternacht schon vorüber ist! Langsam fängt nun alles wieder an, sich zu bewegen. Wolken steigen vom Boden und treiben ein mannigfaltiges Spiel in der Luft und über den Bergen. Kleine Wellen auf dem Wasser des Sundes zeigen, wie die Luft von Norden her immer mehr anfängt sich herunterzudrängen. (Diese Beobachtungen sind in Tromsö gemacht, Anfang Juli.)

Die Sonne steigt höher, ihre Strahlen wirken stark auf den Boden, und Bäche rieseln aus dem Schnee, der überall noch umher liegt. Da hat sich nun auch der Nordwind völlig erhoben, und nicht mehr stoßweise, sondern gleichmäßig fort weht er den Sund herab. Gegen acht Uhr des Abends ist aber alles wieder beruhigt; keine Wolke am Himmel, kein Nordwind über den Sund, und man fühlt nur allein die sanft wärmende Kraft der Sonne durch die Nacht hin.

Die Sonne bleibt hier zwei volle Monate über dem Horizonte, von der Mitte des Mai bis gegen Ende Juli. Auch liegt Tromsö schon unter 69° 38' Polhöhe, gleich hoch mit Grönlands nördlichster Kolonie. Da hat doch Tromsö unendlich viel im Klima voraus. Ist doch hier die Insel noch bis oben auf mit Bäumen bedeckt; im Thale von Storstennaes stehen vortreffliche Birken und an den Abhängen der steilen und hohen Berge des festen Landes steigen sie bis zu ansehnlicher Höhe."

Der berühmte Geologe hat bei dieser Schilderung natürlich nur den Eindruck wiedergegeben, den diese lang andauernde Sonnenhelle auf das Klima und auf den Menschen ausübt. Aber nun kommt die Kehrseite, die lange Winternacht. Der Franzose Marmier hat sie in seinen Lettres sur le Nord treffend geschildert, das „Ausland" brachte seiner Zeit Auszüge daraus, die dann A. W. Grube in seinen verdienstlichen und viel gelesenen geographischen Charakterbildern verwertet hat. Wir versetzen uns nach Hammerfest, der nördlichsten Stadt der Erde. Der Frost beginnt mitten im schönsten Sommer, bald verschwinden die fremden Schiffe, die den Hafen belebten, eins nach dem anderen, die Warenhäuser werden geschlossen, die Geschäfte hören auf, alles wird still.

Der Winter ist da. Und welch' ein Winter! Nächte ohne Ende, ein schwarzer Himmel, ein gefrorener Erdboden. Zwölf

Abb. 7. Hestmandö.

Uhr des Mittags muß man im Monat Dezember sich ganz nahe ans Fenster stellen, um einige Zeilen zu lesen. Vom Morgen bis zum Abend ist die Lampe in allen Häusern angezündet, und kein Leben ist mehr, keine Neuigkeit. Die Stadt ist jetzt eine Welt für sich, vom ganzen Erdboden getrennt. Man sucht alle möglichen Mittel hervor, um sich zu zerstreuen. Man versammelt sich des Abends bald bei dem einen, bald bei dem anderen, wenn die Sonne zu suchen, die sie so lange entbehrt haben. Anfangs unterscheidet man in dem düsteren Gewölk nur einen rötlichen Schein, aber das ist das wohlbekannte Zeichen, das alle freudig begrüßen; es ist der Vorbote der Sonne, die im Begriffe steht, Erde und Menschen wieder zu beleben. Es ist ein Festtag für alle Bewohner, wenn sie zum erstenmal wieder um Mittag, wenn auch nur auf einige Minuten, sichtbar wird. Immer mehr hebt sie sich über den Horizont,

Abb. 99. Swartisen (Nordland).

Schneewirbel nicht am Ausgehen hindern. Sie trinken Punsch, sie rauchen, sie spielen Karten. Selbst die Wissenschaftlichsten unter ihnen müssen sich auf jene Zeitvertreibe beschränken; denn anhaltend beim Lampenlicht zu lesen oder zu schreiben ist unmöglich. Eines ihrer größten Vergnügen ist, wenn bisweilen der Himmel sich aufklärt, die langen norwegischen Schneeschuhe von Holz anzuschnallen und über die Felsen und Gebirge zu laufen, an denen die Schneemassen alle Unebenheiten ausgeglichen haben.

Gegen Ende des Januars beginnen sie am Horizont die ersten Lichtblicke der die Tage wachsen rasch, schneller als bei uns und im Hochsommer beleuchtet die Sonne den Nordmenschen drei Monate lang.

Sehr drastisch schildert auch Peter Daß den Winter:

Ach, der Winter ist hier ein finstrer Gesell,
Hüllt ein in Dunkel das Meer, das Fjell
Und schafft uns unendliche Nächte.
Da hat auch der Bauer kein sonderlich Los,
Er legt sich, steht auf im Finstern bloß.
Eine Nacht reicht der anderen die Rechte.
Oft weiß er nicht, ist es Nacht oder Tag,
Und sitzt die ganze Woche sag
Beim Talglicht und seiner Grütze.
Das Vieh steht im Stalle bei Hungerkost,
Die Thür geschlossen wider den Frost,
Was den Hühnern freilich nicht nütze.

Abb. 100. Smartsee, von Osten gesehen. Witterungsaufnahme.

Fragt einer: Sag' Bruder, wann wird es Tag?
Antwortet der andere: O weh der Plag'!
Ach Gott, wird es hell denn nimmer?
Der dritte seufzet, die Nacht sei so lang;
Die Klage hört man so oft und bang,
Und zumal in dem dunklen Zimmer.
Doch betritt die Sonne der Zwillinge Haus,
Verkündet sie auch, daß der Winter aus,
Und leuchtet uns freundlich aufs neue.
Deckt aber tiefes Dunkel das Land,
So beschattet es Tag und Nacht den Strand,
Zwei Monate oder auch dreie.
Drauf weicht das Dunkel, die Finsternis flieht,
Und das Vieh aus dem dumpfen Stalle zieht
Auf die frische, grünende Weide.

Bodo, die Hauptstadt des Nordlandes, ein lebhafter Ort mit 4000 Einwohnern, hat eine großartige Umgebung von Hochgebirgen und Meer. Man sieht von hier sogar den 90 km entfernten höchsten Berg des Nordens, den Sulitelma. Bodo ist eine wichtige meteorologische Station, wo die Witterungsverhältnisse oft den Gegensatz des Seeklimas gegen den des Landklimas, wie es in dem etwas südlicher am Nordende des Bottnischen Meeres gelegenen Haparanda zum Ausdruck kommt, zeigen.

Die feine Bildung der Bewohner von Bodo wird gerühmt, und die Stadt ist in dieser Beziehung zu längerem Aufenthalte sehr geeignet, zumal sich von hier aus zur genaueren Kenntnis des Nordlandes zahlreiche Ausflüge unternehmen lassen.

Östlich von Bodo liegt der Bodogaard mit einer Kirche; hier weilte 1796 nach seiner Flucht aus Frankreich der spätere König Louis Philipp. Ebenfalls östlich von der Stadt befindet sich der berühmte Saltström. Die beiden Inseln Stromo und Godo sperren den Saltenfjord fast ab, so daß sich die Gezeiten durch den engen Sund des Saltstromes und Godostromes bewegen müssen. Die auffällige starke Flußbewegung ist am besten bei Strom zwischen Stromo und Godo zu beobachten. Namentlich ist der Eindruck beim Eintritt der Flut gewaltig. Schiffe können nur in den Pausen zwischen Ebbe und Flut in den Fjord einfahren.

Etwa 12 km nördlich von Bodo liegt die Insel Landegobe, die in wilden, alpinen Formen aufsteigt, denn hier beginnt das Gebiet des Granits und Gabbros, aus dem auch die lofotischen Inseln aufgebaut sind. „Noch sind alle Vorländer und die Berge bis zur halben Höhe gerundet und poliert, darüber aber erheben sich Grate und Zacken und Mauern von ganz scharfen und frischen Formen, wie sie nur die Verwitterung schafft. Das unvermittelte Emporsteigen aus dem Meere gibt ihnen einen Zug von wilder Größe und Schroffheit, die ganz eigenartig ist und auch nicht dadurch gemildert wird, daß die Berge ziemlich hoch hinauf im sanften Grün der Vegetation leuchten" (E. Richter). Der Kvittind, ein Berg von 700 m Höhe, gewährt eine großartige Aussicht über die lofotischen Gebirge, nach dem Sulitelma im Osten und über die Küsteninseln gegen Süden bis zum Hestmand.

Nördlich von Landegobe beginnt der Westfjord, der durch das Festland und die lofotischen Inseln gebildet wird, in seiner Art also von allen anderen Fjorden abweicht. Im Süden hat er noch mehr den Charakter der offenen See bewahrt; denn er beginnt mit einer Breite von 100 km und verjüngt sich gegen Nordosten, wo er schließlich als Ofotenfjord noch in das Festland eindringt. Seine ganze Länge beträgt 120 km. Vom inneren Ofotenfjord zweigt sich auf der Südseite der Stjomenfjord, dessen Ende durch die Gletscher von Frostisen (Abb. 101) in wirkungsvoller Weise abgeschlossen ist. 1300 m ragen die Berge steil aus dem Wasser empor, die Gehänge sind von den herabstürzenden Eismassen abgeschliffen. Eine Fahrt von Bodo über den Westfjord nach Moskenaes, der südlichsten unter den großen Lofoten, oder nach Balstad auf der weiter nördlich gelegenen Insel Westvaago muß unbedingt zu den schönsten Seereisen auf der ganzen Erde gerechnet werden.

Wir müssen daher die lofotischen Inseln, als den Glanzpunkt des Nordens, eingehender betrachten.

Die Inseln auf der Nordseite des Westfjord werden mit zwei Namen belegt: Lofoten im Süden, Westeraalen im Norden. Die Form Lofoten wird im Deutschen als Pluralbildung aufgefaßt, obwohl die Endung en auch hier dem Artikel „der" entspricht. Man müßte also eigentlich der Lofot sagen; und so setzt auch noch L. von Buch nie einen Artikel zu dem Wort Lofoten oder Lofodden. Er schreibt demnach z. B.: „In allen Sunden zwischen Lofoddens Inseln strömt das Meerwasser wie in den

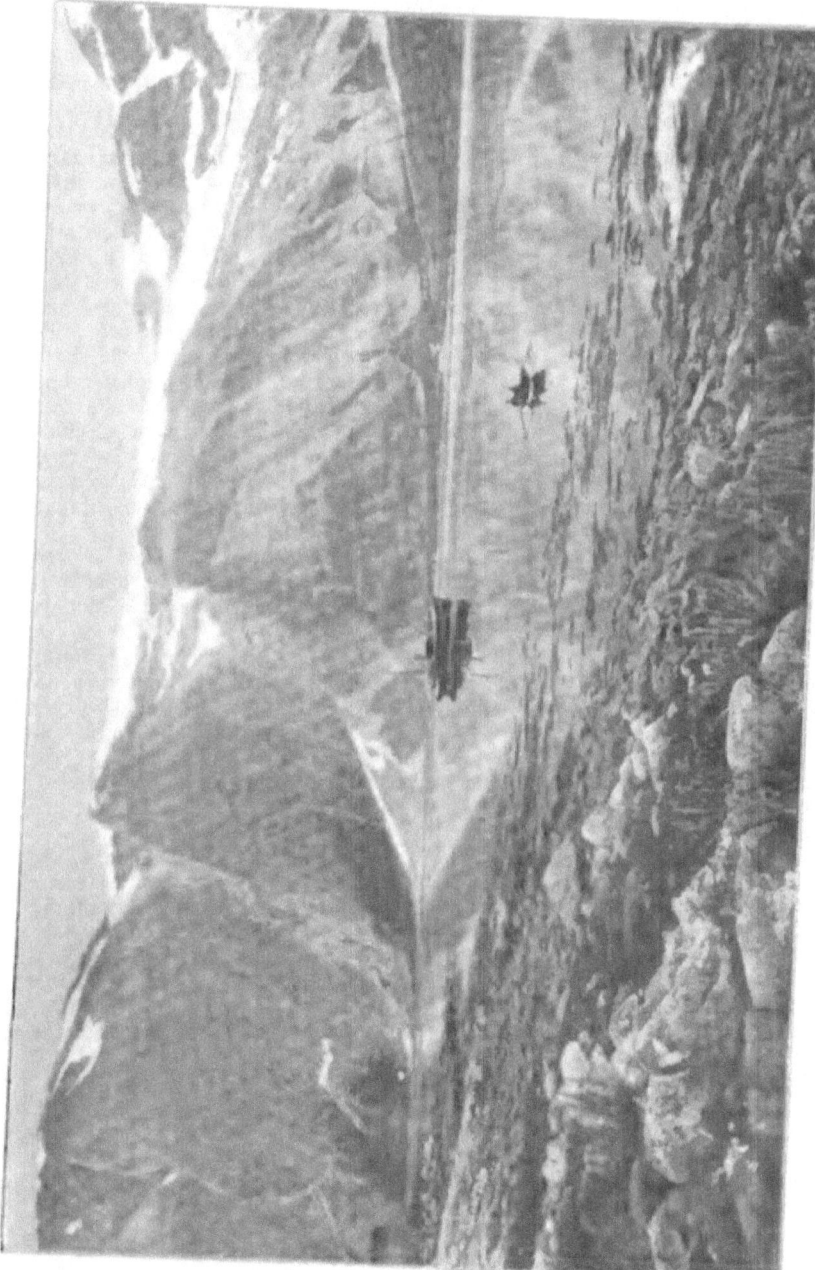

Abb. 101. Drohfiſch (Claien).
Nach einer Photographie von Wilh. Dreesen in Flensburg.

stärksten und reißendsten Flüssen." Ursprünglich galt der Ausdruck Lofot nur der jetzigen Insel Westvaago, die ältere Form lautete Lofote, Lofotrine; seit dem XVI. Jahrhundert kam die jetzt übliche Schreibweise auf. Das Wort bedeutet Luchsfuß; als Seitenstück dazu hieß die nahe liegende Insel Flakstadö Vargfot, d. h. Wolfsfuß. Als (etwas zweifelhafte) Deutung gibt man an, die Umrisse der Inseln hätten eine gewisse Ähnlichkeit mit den Fußspuren der genannten Raubtiere. Von der einen Insel Lofot ist dann die Bezeichnung auf die ganze Gruppe in ähnlicher Weise übergegangen, wie von Gran Canaria auf die kanarischen Inseln, so daß auch hier die Form lofotische Inseln richtiger ist, als Lofoten. Der nördliche Teil heißt Vesteraalen, was ebensoviel bedeutet als Landstreifen im Westen. Beide Inselgruppen umfassen nach Hellands Messung 3758 qkm mit 37054 Einwohnern. Davon entfallen auf die eigentlichen lofotischen Inseln nur 1308 qkm mit 18376 Einwohnern, also die Hälfte der Bewohner auf ein Drittel der Landfläche.

Die Inseln sind außerordentlich stark durch kleine Fjorde und Sunde gegliedert, haben also eine sehr bedeutend entwickelte Küstenlinie, wie vielleicht nirgends mehr auf der Welt. Die Sunde zwischen den Inseln sind oft nicht breiter als der Rhein, die ganze Inselgruppe erscheint daher als eine zusammenhängende Gebirgskette. Der Archipel ist also, wie Güßfeldt meint, leichter auf der Karte, als durch direktes Anschauen zu entwirren.

Die trennenden Sunde sind so schmal, daß das Auge den Eindruck eines schön geformten scharfgratigen Gebirgskammes empfängt. Die Inseln sind aber noch höher und wilder zerklüftet, als das zum Teil vergletscherte Festland. Wenn man von Süden her in den Westfjord einfährt und nun nordwärts steuert, wo die beiden Bergreihen der Inseln und des Festlandes näher zusammenrücken, so sieht man sich auf mindestens drei Vierteln des Horizontes von einem Kranze von Zacken und Hörnern umschlossen, dem gegenüber, nach dem Urteile E. Richters, wohl jedes Alpenpanorama von ähnlich entfernten Punkten als ruhig in seiner Linie erscheinen muß. Gegen die dunklen Felsen, deren Schluchten und Mulden noch im Hochsommer mit Schnee erfüllt sind, hebt sich das Grün der Pflanzendecke in auffallender Lebhaftigkeit ab. Der Raftsund zwischen Ostvaago und Hindö bildet den Glanzpunkt der Landschaften (Abb. 102). Den besten Blick auf diese großartige Scenerie hat man von einer Höhe über dem Hafenorte Tigermulen (Abb. 103), dem Tigermulkollen (Abb. 104). Der Raftsund hat die Breite eines Alpensees. Nur wenige Kilometer entfernt ragt die Kette der „Tinder" deutlich und malerisch in einzelnen Gruppen empor. Alle die wunderbaren Einzelheiten wilder Zacken und Grate mit ihren Schneegesimsen, geborstenen Hängegletschern und blauen Eisklüften erscheinen zum Greifen nahe. Kühn und zerrissen ragen die schwarzen Türme des Gesteines gen Himmel, nach unten zu in reich begrünte, wenn auch noch steile und felsige Hänge übergehend.

Die höchsten Berge finden sich auf den größeren Inseln: Hermandsdalstind auf Moskeneso 1034 m, Higrafstind auf Ostvaago 1162 m, Mosadlen auf Hinnö 1266 m. Der größte Gletscher ist der Higrafsbrae auf Ostvaago. Am meisten verbreitet ist Gabbro- und Labradorstein, der auf Gneis lagert. Der Tigermulkollen, ein nur 350 m hoher abgerundeter Hügel, auf den ein guter Fußweg hinaufführt, ist auch berühmt geworden durch den Besuch des Kaisers Wilhelm II. 1889.

Das Klima der Inseln ist trotz der nördlichen Lage im Winter sehr mild, wie aus der Vergleichung folgender Punkte zu ersehen ist. Vorangestellt ist die bekannte und bereits erwähnte Station Bobö, dann folgen die beiden kleinen südlichsten Inseln der lofotischen Gruppe Rost und Bärö, dann Lödingen auf Hindö und Andenäs am Nordende Andös.

Bodö	Rost	Bärö	Lödingen	Andenäs
67°17' n. Br.	67°21'	67°41'	68°14'	68°20'
wärmster Tag					
12,9° C.	11,4°	12,1°	12,8°	11,1°
kältester Tag					
—2,9°	—0,5°	—0,9°	—4,3°	—2,5°
Jahr					
4,1°	4,8°	4,7°	3,6°	3,4°

Dagegen beträgt die mittlere Temperatur in Kristiania 5,2° und in Bergen 6,9° C.

Abb. 102. Der Maltjaud Gletscher.
(Nach einer Photographie von Wilh. Dreesen in Flensburg.)

Abb. 103. Tigermulen (Raftland).
(Nach einer Photographie von Wilh. Treesen in Flensburg.)

Infolge der milden Wintertemperatur kann das Vieh den ganzen Winter über auf die Weide gehen; auf Rost bleiben die Schafe im Winter selbst nachts im Freien. Das Meer friert nie zu, vielleicht mit Ausnahme der innersten Fjorde. Hier aber wirkt dann im Sommer der immer währende Sonnenschein, daß die Vegetation auf den Inseln mit derjenigen im südlichen Schottland wetteifern kann und daß auf der Insel Stegen (68° n. Br.) der Geistliche mit Erfolg Akklimatisationsversuche mit Pflanzen der gemäßigten Zone gemacht hat.

Die vorherrschenden Winde sind von Januar bis März Südost, von April bis August Nordost, von September bis Dezember wieder Südost. Plötzliche Windstöße, die unerwartet mit furchtbarer Gewalt hereinbrechen, bringen den Fischern Gefahr. Am meisten gefürchtet sind die Nordoststürme, die sich zu Orkanen steigern. Leider kommen diese Unwetter meist im Februar und März, also in der Hauptfangzeit der Fische. In einem solchen Sturme gingen 1893 am 25. Januar 40 Boote und 119 Mann verloren.

Dazu kommen die gefürchteten Strömungen und Wirbel in den Sunden. Am meisten bekannt ist der Moskenstrom zwischen der kleinen unbewohnten Insel Mosken und Lofotodden. Im Auslande ist er als Malstrom verrufen; aber die Schilderungen davon sind im hohen Grade übertrieben. Der Moskenstrom hat bei Westwind im Winter eine Geschwindigkeit von sechs englischen Meilen in der Stunde. Dann ist er bei steigender Flut nicht zu befahren, und das Tosen der Brandung hört man eine Viertelstunde weit; dagegen ist er im Sommer, namentlich wenn längere Zeit gut Wetter gewesen ist, zu befahren.

Stürme und Strömungen stehen mit dem sogenannten warmen Golfstrom im Zusammenhange, dessen Tiefe vielfach gemessen ist. Eine Temperaturmessung bei Rost ergab am 1. August 1885 an der Oberfläche 11,6° C. und bei langsamer Abnahme der Wärme nach unten in 273 m Tiefe noch 6,6° C. Vor Lödingen haben genaue Messungen in allen Monaten ergeben, daß in der Tiefe von 100 Faden die Temperatur zwischen 6,3 und 6,6° C.

schwankte, während das Wasser an der Oberfläche im Januar 2,1 und im August 12,7° C. zeigte.

Die Gegensätze in der Temperatur zwischen der Luft über den erwärmten Küstenwassern und über den im Schnee liegenden Fjelden müssen sich in Stürmen ausgleichen. So herrschen in Bodö mit Ausnahme der drei Sommermonate Juni, Juli und August Ostwinde vor, weil die schwere kalte Luft von dem inneren Hochland gegen die leichtere wärmere Luft über den eisfreien Küstengewässern abfließen muß.

Nicht bloß die häufigen Unwetter, sondern auch die unerwarteten Sturzwinde weiß Peter Daß trefflich zu schildern:

Was Wetter und Elemente angeht,
So weiß es der Nordmann, wie's damit steht
Und was sie führen im Schilde.
Denn das Nordland ist der äußerste Punkt,
Wo Neptun und Aolus protzig prunkt,
Laut brüllende Kämpfer und wilde,
Bald feuert es oben mit Donnerkrach,
Bald stürzen die Winde vom Felsendach
Und wecken im Herzen ein Grauen.

Jetzt saucht und raucht der wilde Neptun,
Voll Hagel die Luft und voll Feuer nun
Als einzige Lohe zu schauen.
Gibt einmal sein Feuerwerk Jupiter her,
Erzittert der Himmel, die Erde, das Meer,
Ein Treiben im Süden und Norden.
Da hört man von jeder Insel ein Weh,
Wie verunglückt dieser und jener auf See,
Gekentert auf Wilen und Fjorden.
Kaum tritt man in eines Menschen Haus,
So brechen in laute Klagen sie aus:
In der See sind so viele ertrunken.

Von den plötzlichen Windstößen meint er, das Nordland müsse den ersten Ansturm aushalten, weil es dem Nordpol zunächst liege.

Oft trifft uns ein Wetter mit ganzer Macht,
Doch weiter im Süden der Himmel lacht.
Es rührt sich kein Blatt, kein Lüftchen. —

Und wenn man fragt, warum bläst denn der launige Wind nicht gleichmäßig? da lautet die Antwort: das kommt vom Gebirg.

Weil die ragenden Felsen im ganzen Bezirk
Schau'n nach den verschiedensten Seiten.
Der blickt nach Süden und der nach West,
Und wenn der Sturm auf die Berge preßt,
Um seine Stärke zu prüfen,

Abb. 101. Tigermulfelfen Lofoten.
Nach einer Photographie von Wilh. Dreesen in Flensburg.

Er drängt in die Klüfte mit ganzer Wucht,
Um so stärker der Stoß, je enger die Schlucht,
Er bricht durch Scharten und Tiefen.
Was aber vielleicht am seltsamsten ist:
Zwei Boote ganz nah und zu gleicher Frist —
   Den einen trifft solche Flage (Windstoß),
Daß See und Strand wie der dichteste Rauch,
Der andere fühlt nicht den geringsten Hauch
   Und rudert mit leichtem Schlage.
Oft blickt man hinauf zur schneeigen Höh',
Da raucht's und es fegt der frische Schnee
   Wie der Dampf vom kochenden Teere.
Sobald Herr Greges*) solches gewahrt,
So weiß er zugleich auch, welcher Fahrt
   Ihm droht von Wetter und Meere.
Doch zerteilen die Wolken und heben sich,
So folget ein Sturmwind sicherlich,
   Das ist eine alte Regel.

Wärme des Seewassers und Salzgehalt, der von 32 vom Tausend an der Oberfläche auf 34 vom Tausend in 100 m Tiefe zunimmt, dazu die Beschaffenheit des Seegrundes — alles dies ist die Ursache des großen Fischreichtumes in der Nähe dieser Inseln, so daß die Küsten von Lofot den reichsten Fangplatz in europäischen Gewässern bilden. Vom Ende Dezember bis zum April kommen die Fische, unter denen der Kabliau wirtschaftlich der wichtigste ist, zum Laichen an die Küste. Dann ist von Mitte Januar bis Mitte April die Hauptfangzeit. Der Kabliau (Gadus morrhus) heißt bei den Fischern Dorsch, torsk oder skrei, auch vaartorsk, faltorsk, tanetorsk, bergtorsk. Daneben sind noch wichtig die verwandte Art Sei (gadus virens), die Lobbe (mallotus villosus) und der Hering (clupea harengus), norwegisch Sild genannt.

Der Westfjord besitzt eine Fischbank von 60 Seemeilen Länge, vier bis acht Seemeilen von der Lofotkette entfernt. Das ist der wichtigste aller Fischplätze. Man pflegt die Stellen im Meere, wo die Hauptfischereien betrieben werden, Havbanker, Seebäule zu nennen; diese Fischgründe sind an unterseeische Steilabfälle und an die breite, fast ebene Strandzone gebunden.

Im Frühjahr, von Mitte Januar bis Mitte April, kommen nun die Fischer von allen Küstenstrichen nördlich von Drontheim zu den Inseln herbei. An den Hauptfangplätzen werden dann Hütten an die fremden Fischer verpachtet, die zu sechs bis zwölf Mann darin Platz finden. Die Hütten sind roh aus Holz gezimmert und mit Rasen gedeckt. Die größten Boote sind 12—13 m lang, 3 m breit und 1 m tief. Der Fang geschieht mit Angeln und Garnen.

Schon im Anfange des XIX. Jahrhunderts schätzte L. von Buch die im Lofotgebiet thätige Fischerflotte auf nahezu 4000 Boote, jedes mit vier bis sechs Mann besetzt. Die Anzahl der Fischer betrug demnach etwa 18 000. Das entsprach dem vierten Teil der ganzen Bevölkerung des Nordlandes von Helgeland bis Tromsö; denn eine Zählung von 1801 hatte 71 267 Einwohner ergeben. Der jährliche Ertrag ergab damals 16 Millionen Kabliau im Werte von 1 800 000 Mark. Gegenwärtig beteiligen sich am Fange 40 000 Fischer, während die Gesamtbevölkerung von Lofot und Westeraal noch nicht 33 000 beträgt. Um Mitte Januar sind erst wenige hundert Boote an der Arbeit, im Februar steigt die Zahl auf 3500 und erreicht Mitte März die höchste Ziffer mit 7000—8000 Booten. Garnfischerei betrieben 1896 nur 22 %, Angelfischerei dagegen 60 %. Die Verhältnisse der Jahre 1885 und 1895 sind in folgendem zum Vergleich nebeneinander gestellt.

	Anzahl der Fischer	Anzahl der Boote
1885	32 771	7668
1895	40 051	9296

	Stück Kabliau	Wert
1885	34 010 200	6 894 000 Kronen
1895	46 508 000	8 306 000 „

Der Durchschnittsertrag der Jahre 1886—1895 belief sich auf 8 119 000 Kronen. Doch ist hier nicht der Ertrag der Sommerfischerei, und was im Hause verbraucht ist, eingerechnet. Wie sehr aber die Fischerei im Lofotgebiet alle anderen Fischplätze im Norden überbietet, zeigen die Summen der nächsthohen Ausbeute: in Salten 1 290 000 Kronen, in Vardö 1 028 000 Kronen.

Daß in früheren Zeiten, ehe genaue statistische Erhebungen gemacht wurden, die Fischer gern — vielleicht aus Aberglauben — die Wahrheit verschleierten, ersieht man aus Peter Daß:

Doch wenn man die guten Leute fragt:
Wie steht's mit dem Fange? Hat's dir behagt?
   Da fangen sie an zu flunkern.

---

*) Halbkomische Bezeichnung für den Nordländer.

Die einen: es hat nicht eben gelohnt.
Die anderen: wir haben uns sehr gefreut,
Es reichte, um nicht zu verhungern.
Die Schufte meinen, sprächen sie frei
Die ganze Wahrheit, so wär's vorbei
Mit dem Glück und dem guten Gelingen.
Solch' Aberglauben die Welt noch deckt;
Wo bleibt vor dem Ewigen da der Respekt?
Kein Wunder, wenn sie nichts singen. —

Wird der Fisch dann nur an der Luft getrocknet, dann heißt er Stockfisch und bildet den wichtigsten Handelsartikel. Langgespalten und getrocknet heißt er Klipfisch, und gesalzen wird er Laberdan genannt. Die Köpfe werden getrocknet zu Guano verarbeitet oder dienen als Viehfutter.

Der größte Fischhafen ist Kabelvaag (Abb. 105) auf Ostvaagø. Hier war Hans Egede von 1705—1717 Prediger, worauf er nach Grönland ging und dort unter den Eskimos das Christentum begründete.

Die Inseln gehörten in alter Zeit zu Helgeland (Halogaland), das bis an den Malangenfjord vor Tromsø reichte. Die Bevölkerung hat sich erst in der zweiten Hälfte des XIX. Jahrhunderts stark vermehrt. Sie betrug im Jahre 1665: 7060, 1801: 10695, 1855: 17290 und 1891: 37054 Einwohner.

Zum Schluß noch einige Bemerkungen über einzelne dieser Inseln:

Rost im Süden zählt auf 5 qkm 344 Einwohner und hat damit die dichteste Bevölkerung, nämlich 69 Einwohner auf 1 qkm; denn die Insel ist ganz flach und bietet eine vorzügliche Schafweide.

Das Herrlichste doch, was Rost widerfuhr,
Ist das reiche Gras, ein Geschenk der Natur,
Den weidenden Schafen zum Frommen.

F. Tak.

Rost hat in der Geschichte der Seereisen dadurch eine Bedeutung erlangt, daß im Jahre 1432 der Venetianer Pietro Quirini, der eine Fracht griechischer Weine nach Norwegen bringen sollte, durch Stürme weit nach Norden verschlagen wurde und bis nach Rost kam. Es war das erste Mal, daß Südeuropäer, hier Italiener, so weit in den offenen Ocean nach Norden gelangten und dabei den größten Teil Europas umsegelten. Quirini wurde so der Vorläufer des Kolumbus und G. Caboto.

Die nächste nördlich von Rost gelegene große Insel Moskenesø ist zu gebirgig, um dicht bewohnt zu sein, sie zählt auf 206 qkm nur 1361 Einwohner. Weit besser bevölkert sind Westvaagø (8043 Einw. auf 425 qkm), Ostvaagø (1274 Einw. auf 561 qkm) und Langø (9274 Einw. auf 907 qkm). Die größte von allen, Hindø (11529 Einw. auf 2259 qkm) gehört teils zu Lofot, teils zu Westeraal, teils zur Vogtei Salten und teils zum Amt Tromsø. Die wichtigste Dampferstation ist Svolvær (Abb. 106) östlich von Ostvaagø. Der Ort besteht aus etwa 100 bunten Holzhäuschen, die auf den Schären zerstreut stehen, und einem eleganten Hotel. Die Verkehrswege zwischen den Inseln sind natürlich nur auf dem Wasser zu suchen, und so erscheinen denn im Sommer vor Svolvær täglich sieben bis zehn Dampfer.

XII.

Den äußersten Norden umfassen die beiden Ämter Tromsø und Finmarken. Zunächst ist Tromsø noch ein schmaler, stark gegliederter Küstenstreif, in dem das russische Lappland sich zwischen Nordschweden und Finmarken so weit in der Richtung auf Tromsø vorschiebt, daß es sich bis auf 30 km dem oberen Ende des Lyngenfjordes und damit der offenen See nähert. „Die norwegische Besiedelung," schreibt Hagb. Magnus „hat hier den Charakter einer Kolonisation, die von der Küste ausgegangen, noch nicht tiefer ins Innere gedrungen ist. Die Küstenfahrt zur See in Booten und Schiffen herrscht vor. Auf den Hochflächen des Inneren haben die nomadisierenden Lappen ihr Heim, hier ist das Renntier zu Hause. Wege gibt es hier nur an der Küste, darum ist auch der Winter die beste Zeit für Reisen im Binnenlande, weil die Schneedecke den Verkehr mit Renntierschlitten so erheblich erleichtert, während der Sommer viele Schwierigkeiten verursacht."

Nordöstlich von Hindø liegt zunächst die 1660 qkm große Insel Senjen; sie ist größer als das Herzogtum Sachsen-Altenburg, nach der Seeseite durch zahlreiche Fjorde gegliedert und vom Festlande durch einen ganz schmalen Sund getrennt, der aber die einzige belebte Fahrstraße her von Süden nach Tromsø darstellt, denn man vermeidet gern die unsichere Fahrt außen

Abb. 106. Spaltwart (Coloen).
(Nach einer Photographie von Wilh. Dreesen in Flensburg.)

Abb. 107. Lappen bei Tromsö.

herum um die Insel. Senjen ist zwar überall felsig, hat aber gegen das Festland niedriges Land und Hügel, während im Norden sich wahre Alpenhörner erheben.

Bis Senjen ging im früheren Mittelalter die Besiedelung durch die Normannen, hier wohnten die nördlichsten Jarle.

„Dort wohnen die großen Herren in Reihn,
 Mit der roten Backen, wie Sonnenschein,
  Das kommt von dem herrlichen Futter,
 Man sagt, der Tjeldsund*) sei ganz begrünt
 Von Gras und Blumen und alles blüh'nd
 Von den Spitzen bis zu den Böhlen (Strand).
 Viel Birken am Berg, an Leid' und am Teich,
 Das Land an Wiesen und Blumen reich;
  Man kann sich nichts Schöneres denken.
 Auch dieser Winkel, wo alles sonst hart,
 Hat sich also noch etwas aufgespart;
  Auch ist die Natur nicht gebunden
 An diese und jene Region,
 Sie schenkte voll Güte des Nordens Sohn
  Viel Schöneres an diesen Zunden.
             P. Dah.

Auf Senjen wohnte im IX. Jahrhundert der normannische Edle Ottar; denn nach den Untersuchungen G. Storms reichten damals die Ansiedelungen bis zum Malangenfjord nordöstlich von Senjen, und man rechnete diese Küstenstriche noch zu der Landschaft Helgeland. Ottar ist aber der erste gewesen, der das Nordkap umsegelte und ins Weiße Meer bis zur Kandalahtabucht vordrang. Über diese merkwürdige Entdeckung, die ins Jahr 870 fällt, hat er dann später dem König Alfred dem Großen Bericht erstattet und dieser uns die Erzählung möglichst getreu aufbewahrt.

Von seiner Heimat aus machte Ottar seine Entdeckungsreise. Er brauchte sechs Tage bis zum Nordkap; denn da er zwischen den Inseln und Schären hinsegelte, weil er wissen wollte, ob das Land im Norden noch feste Ansiedler hätte, so ging die Fahrt langsamer. Von seinem Hofe aus kam er in den ersten drei Tagen so weit, als die Walfischer nach Norden zu gehen pflegten. Die Jagd auf Wale war damals noch ergiebig, man konnte noch Tiere von 48 bis 50 Ellen Länge erlegen. Ottar segelte dann noch drei Tage weiter, als die Walfischer vorgedrungen waren; er war also sicher der erste Mann, der das Nordkap umfuhr. Seßhafte Bewohner fand er nirgends, nur nomadisierende Renntier- und Fischerlappen. Fünfzig Jahre nach Ottars Fahrt drang auch König Erich Blutbeil und 965 sein Sohn Harald Graafeld ins Weiße Meer vor.

*) Zwischen Hindö und dem Festland.

Sie waren es, die die normannische Herrschaft bis übers Nordkap hinaus ausdehnten, wenn auch die murmanskische (das ist normannische) Küste Lapplands später wieder aufgegeben wurde.

Der Malangenfjord, nordöstlich von Sengen, ist von hohen Bergen eingefaßt und spaltet sich gegen das Binnenland in drei Äste, von denen der westliche sich in dem Maanelvsdal fortsetzt. Die ersten Ansiedler, Familien aus Gudbrandsdalen, haben sich hier erst 1796 auf Anregung des Vogtes Holmboe in Tromsø niedergelassen.

Nördlich von dem Malangenfjord liegt die große Insel Kvalø, auf der sich die Gipfel bis 1000 m erheben. Die Insel ist durch einen schmalen Sund, den Tromsøsund, vom Festlande getrennt. Hier liegt auf einer kleinen Insel Tromsø, die größte Stadt des Nordens, mit 6300 Einwohnern, unter 69½° n. Br. Erst 1794 ist sie zur Stadt erhoben, sie besitzt ein Gymnasium, ein Seminar und ist der Sitz eines Amtmannes und eines Bischofes. Auch hat die Stadt drei Kirchen, darunter eine katholische. Es gibt, nach Passarge, außer Bergen keinen zweiten Ort im Lande mit so ausgesprochenen deutschen Sympathien als Tromsø. Man lernt in der Schule deutsch sprechen.

Die Insel, auf der jetzt die Stadt liegt, ist reich bewaldet und mit Wiesen bedeckt, ebenso das gegenüber liegende Ufer des Sundes. Der schmale, ruhige Sund, an dem die Stadt liegt, ist die beste Durchfahrt für alle Schiffe nach dem äußersten Norden, bildet aber zugleich einen vortrefflichen und sehr geräumigen Hafen für die Stadt, die sichtlich im Aufschwung begriffen ist. Schön ist die Stadt mit ihren niedrigen Holzhäusern nicht zu nennen, aber das Gebirgspanorama, das den ganzen Gesichtskreis umsäumt, ist mit seinen schneebedeckten Bergen überaus großartig.

Kornbau gedeiht in der Umgebung nicht mehr, man muß sich auf Wiesen beschränken; denn das Klima ist zu rauh. Aber im Inneren der Fjorde wird die Temperatur fast mit jedem zurückgelegten Kilometer milder. Das gilt namentlich von den östlich gelegenen Balsfjord und Lyngenfjord.

Lyngen, sagt man in Tromsø, ist ein gesegnetes Kornland. Der Anbau der Kartoffel, der um Bergen erst 1774 allgemeiner wurde, fand hier seit 1790 statt. Der Lyngenfjord ist der merkwürdigste Fjord des Nordlandes. Gußfeldt vergleicht die wilden, schroffen, schneebedeckten Berge der Dauphiné mit der Alpenkette, die sich zwischen dem Lyngen- und dem westlich gelegenen Ulfsfjord erhebt. Nichts erinnert hier an die norwegischen Plateauabstürze. Es ist eine Alpenkette vom reinsten Typus. Gletscher reiht sich an Gletscher, Spitze an Spitze, und die Gipfel erheben sich bis

Abb. 108. Lappen.
Nach einer Photographie von Wilh. Dreesen in Flensburg.

zu 1650 m. Auf der Ostseite des Lyngenfjordes zweigt sich der Kaafjord ab, von dessen steilen Höhen mehrere großartige Wasserfälle etwa 1000 m herabstürzen. Die Bewohner sind hier meist Lappen, die sich von Fischfang und Viehzucht nähren.

Eine Sehenswürdigkeit bei Tromsö ist das nur zwei Stunden entfernte Lappenlager (Abb. 107 und 108). Vier Lappenfamilien aus Karesuando in Schweden haben sich mit 5000—6000 Renntieren hier für den Sommer niedergelassen und gehen im September wieder über den Gebirgswald zurück. Sie wohnen in Gammen, aus Steinen und Rasen erbaut, und treiben mit den Fremden einen einträglichen Handel, indem sie die Erzeugnisse ihrer Hausindustrie für hohe Preise abgeben.

Südlich von der Insel Vauro liegt die kleine Insel Carlsö, eine Dampferstation. Die Touristendampfer pflegen bei dieser Insel im Hochsommer nachts anzuhalten, um den Reisenden einen großartigen Anblick der Mitternachtssonne zu gewähren, der durch die kühnen Umrisse der 784 m hohen Insel Fuglö so überaus malerisch wirkt und einen bedeutenderen Eindruck auf der Nordlandsreise hinterläßt, als selbst der Besuch des Nordkaps.

Auf der Nordostseite von Vanno liegt die kleine Insel Skaarö (Abb. 109), die durch eine Walfischerstation bemerkenswert ist. Der Wal wird mit Harpunen erlegt, deren Spitzen mit Explosivstoffen gefüllt sind. Die Harpunen werden aus kleinen Kanonen abgefeuert, nicht mehr, wie in früherer Zeit, aus der Hand geschleudert. Die Station Skaarö besteht seit 1884 und fischt mit zwei Dampfern, die 1892 und 1896 je 110 Wale erlegten, wovon das Stück auf 3000 Kronen geschätzt wird. Die Fangzeit dauerte von Ende April bis Ende August. Im Winter wird die Station verlassen. Es gibt an den norwegischen Küsten 20—30 solcher Stationen, alle auf Inseln und möglichst weit von menschlichen Ansiedelungen entfernt wegen des widerlichen Geruches, den die Verwertung der Jagdbeute verbreitet. Auch Skjärvö (Abb. 110), wo die „Fram" unter Kapitän Sverdrup am 20. August 1896 nach dreijähriger Fahrt und Drift im Eismeere landete, ist eine solche Station der Walfischer und liegt zwischen Skaarö und Hammerfest. Skaarö selbst ist eine flachbuckelige Insel von weißgrauem Gestein nur mit einigen Grasflecken, sonst ohne Baum und Strauch. Hier liegen am Strande die dunklen Häuserreihen, die Arbeitsstätten der Station, oben auf halber Höhe der Insel die Wohnung des Leiters, des britischen Vicekonsuls Giaever. Jagen darf jeder in der norwegischen See, wenn er sich nur vier Seemeilen von der Küste hält; aber verwertet werden darf der Wal auf norwegischem Boden nur von norwegischen Staatsbürgern. Daher können sich Ausländer an dieser gewinnbringenden Jagd nur so beteiligen, daß sie entweder im Dienste einer norwegischen Gesellschaft fischen oder indem sie Teilhaber einer Aktiengesellschaft werden, der auch norwegische Aktionäre angehören.

G. Wegener hat uns von dem Treiben auf Skaarö ein anschauliches Bild gegeben. In allen Städten des Nordens, schreibt er, findet man Dorschtrockenplätze, die zusammen mit den Thransiedereien einen greulichen Gestank verbreiten, hier aber ist es noch weit schlimmer. Kolossal wie alles am Walfisch ist auch der Geruch, den er verwesend ausströmt. Nun denke man sich obenein, daß diese faulenden Massen nach allen Richtungen zerschnitten, zersägt, zerhackt, zermahlen, durcheinander gerührt und ausgebraten werden, gleichsam um jedem Partikelchen des scheußlichen Kadavers Gelegenheit zur Entfaltung seiner Gerüche zu geben, und man wird die Schrecken dieses zugleich faulig en, ranzigen, süßlichen und thranigen Gestankes ermessen, der alles umfließt und durchsetzt, was mit der Aufbereitung des eingelieferten Walfisches zu thun hat.

„Jetzt näherten wir uns der Landungsbrücke. Das Meer hatte seine Farbe geändert, trübe, fettig, ölig schwappte es gegen die Pfähle, weiche Klumpen von unbestimmbarer Farbe und scheußlicher Zusammensetzung, faulendes Walfischgedärm und anderer Abfall schwammen darauf herum.

Vor kurzem waren zwei Wale gefangen, sie lagen am Lande und wurden abgespeckt, indem die Arbeiter mit großen, gebogenen Messern gleich am Körper des Wales die Speckseiten in Streifen schnitten. Daneben lagen die Barten zu fettstarrenden, schmutzigen, borstigen Haufen aufgetürmt. Der

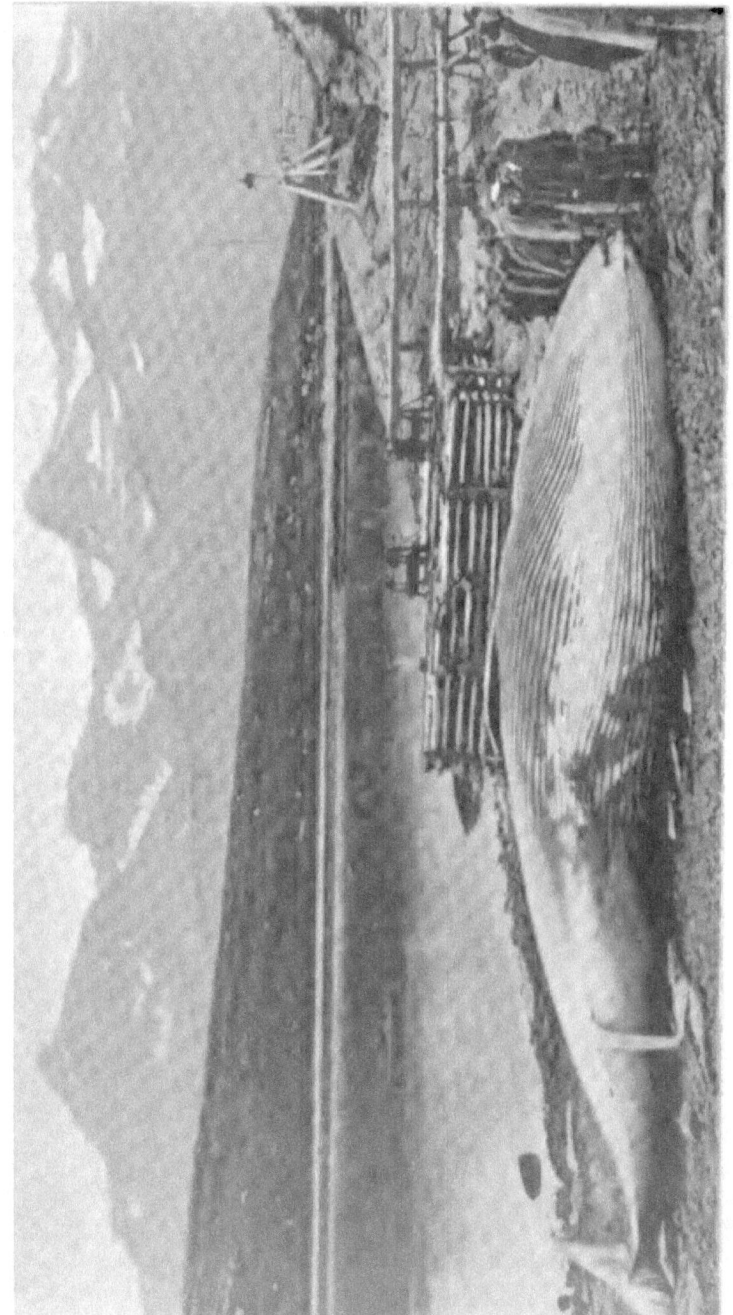

Abb. 109. Walfischstation Elsaere.
Nach einer Photographie von Wilh. Dreesen in Flensburg.

abgelöste Speck wird in großen Kesseln ausgesotten und der Thran in Fässer gefüllt. Fleisch und Knochen werden noch zu Fischguano verarbeitet."

In früheren Zeiten suchte man auf dem weiteren Wege nach Hammerfest von Skjärvö aus den Kvenangfjord auf, ging über die nur 60 m hohe Landenge von Alteneid und auf der anderen Seite im Langenfjord wieder zu Schiff; man vermied dadurch die gefährliche Fahrt durch das offene Meer bei der Insel Loppen, das Lophavet, an dem auf der Insel Silden (Abb. 111) die Felsen sich ohne Vorland turmartig auf der See erheben. Derartige Landengen, wie Alteneid, sind im hohen Norden in alter Zeit gern benutzt, um immer im Schutze der Inseln fahren zu können. Auf solchen Wegen haben wohl auch die ersten russischen Gesandten, die zur See nach Dänemark gingen, das Nordende Skandinaviens am Ende des XV. Jahrhunderts überwunden. Es war im Jahre 1496, daß der russische Gesandte Gregorius Ithoma in Begleitung des Dänen David diesen Weg um das Nordkap einschlagen mußte, da der Weg über Nowgorod und die Ostsee durch Krieg versperrt war.

Loppen liegt an der Grenze von Tromsö und Finmarken. In diesem nördlichsten Teile des Landes haben die Normannen früher das Innere des Landes wenig geachtet, sondern sich des Fischfanges wegen an den äußersten Inseln gegen das Meer festgesetzt. Und diese Fischereien warfen auch dann erst einen reichlichen Ertrag ab, als der Handel von Bergen im Anfange des XIV. Jahrhunderts aufblühte. Finmarken wurde als tributäre Provinz behandelt, die Einwohner mußten die Landesprodukte: Felle, Federn, Pelze und lederne Schiffstaue liefern. Die Norweger, die jetzt im Inneren vom Altenfjord leben, sind größtenteils Nachkommen von dorthin geschickten Verbannten.

Der erste Fjord in Finmarken ist der Altenfjord. Mit ihm beginnen die breiteren, von Norden nach Süden ins Land einschneidenden, für den höchsten Norden eigentümlichen Fjorde. Das Gestein gehört hier der Übergangsformation an: Kalkstein, Thonschiefer, Sandstein. Die Berge werden zu Hügeln; doch erheben sie sich weiter im Süden bis zu 1000 m. Die Umgebungen des Fjordes sind trotz der hohen nördlichen Lage von 70° doch noch mit reicher Vegetation geschmückt. Daher ist er früher von den fremden Forschern mehr aufgesucht als jetzt.

Der Amtssitz Altengaard liegt im innersten Teile des Fjordes mitten in einem

Abb. 110. Skjaervo.

Abb. 111. Silden Finmarken.

Walde von hohen Fichten auf einer grünen Wiese. Die Fichtenstämme werden noch 60 Fuß hoch. Hier wird der nördlichste Kornbau der Welt getrieben. Das ist das Verdienst der Quänen. Ehe sie erschienen, wagte man noch nicht Korn zu bauen. Sehr wahrscheinlich wurden sie in den Kriegen Karls XII. durch die greulichen Verwüstungen der Russen aus Finnland vertrieben und ließen sich 1708 mit ihren Herden hier nieder. Ihre Häuser, schreibt von Buch, sind größtenteils ganz so eingerichtet, wie in Finnland und wie sie Normänner nicht bauen. Der größte Teil besteht in einer großen Stube aus Balken, eine Perte, die bis unmittelbar unter das Dach reicht. An der einen Seite steht ein gewaltiger Ofen ohne Schornstein, der den größten Teil der Wand einnimmt und dessen oberer Teil zu den in Finnland und Rußland überall gebräuchlichen Schwitzbädern dient. Die Quänen sind kultiviert und ausgezeichnet durch natürlichen Verstand; sie fassen schnell und scheuen keine Arbeit.

Tief im Binnenlande, 150 km von Alten entfernt, liegt der von Lappen und Finnen bewohnte Ort Kautokeino.

Vor dem Nordausgange des Altenfjordes liegt die rauhe unwirtliche Insel Seiland, die ganz den Charakter der finmärkischen Fjelde mit Gletschern trägt und in steilen Wänden gegen den östlichen Vargsund abfällt. Das Wasser erscheint unter diesen senkrechten Abstürzen ganz schwarz, während sich über die Höhen eine ununterbrochene Firndecke zu legen scheint. Nur auf der Nordseite zeigen sich sanftere Hügelformen und sogar kleine Ebenen zwischen Fels und Meer. Doch ist die Insel wenig bewohnt. Neben Seiland liegt gegen Nordosten die ovale Insel Kvalö und auf ihrer Westseite Hammerfest, die nördlichste Stadt der Erde (Abb. 112). Nahe südlich von der Stadt springt eine schmale niedrige Erdzunge gegen die gegenüber liegende zierliche Halbinsel von Nordseiland vor. Dadurch wird der Sund zu einer Enge von nur 1 km zusammengedrängt, und auch hier liegen noch Klippen im Wasser. Hier werden die Renntierherden, die im Sommer auf Seiland weiden sollen, hinübergetrieben. Dieser enge Sund heißt Strommen (Strömung), denn hier drängt sich die Flut aus dem Meer zusammen und stürzt sich mit solchem Brausen in den Sund wie ein Wasserfall, und ebenso heftig kommt die Ebbe wieder zurück. Größere Schiffe gehen daher nicht durch den Sund, auch die Dampferlinien vermeiden ihn.

Hammerfest wurde 1787 zugleich mit Tromsö und Vardö zur Stadt erhoben, liegt auf 70°40′ n. Br. und zählt gegenwärtig 2200 Einwohner. Als L. von Buch die Stadt besuchte, hatte sie nur 40 Einwohner, und der deutsche Geologe stellte der Stadt keine Zukunft in Aussicht. „Hammerfest wird nie mehr werden, als es ist: ja vielleicht weniger, wenn einige der jetzt dort wohnenden Kaufleute (es waren vier) den Ort wieder verlassen. Die Insel Kvalö liegt zwar nur einen Grad nördlicher als Alten; aber wie groß ist der Unterschied im Klima! Kvalö produziert nichts, die Natur bleibt in ewiger Erstarrung oder unter dem Druck der immerwährenden Nebel. Hier wächst kein Baum, und bei den Häusern sucht man umsonst einige Gartengewächse zu ziehen. Sie kommen nicht fort. In den Thälern der Insel ziehen sich zwar Birkenbüsche hin, dicht genug und voll; aber Bäume werden sie nicht. So ist das hohe Alpengebirge oben auf dem Gotthardt, alles ohne Spur von Kultur oder von Menschen. So groß ist der Unterschied des Klimas im Inneren der Fjorde und außen gegen das Meer! Die Sonne zeigt sich auf diesen Inseln nur als Seltenheit, der Sommer ist ohne Wärme, und kaum mag man sich einiger weniger heiteren Tage erfreuen. Die Wolken ziehen tagelang über den Boden hin. Der Ort ist unter dem Einfluß des russischen Handels seit 1789 entwickelt, denn erst seit dieser Zeit wurden die Russen zum Handel zugelassen. Sie bringen Mehl, Hanf, Flachs, Segeltuch, Nägel, Eisenwaren und holen dafür Fische, Häute, Federn, Webstoffe, Kolonialwaren. Fischhandel spielt die Hauptrolle, und es bedarf eines längeren Aufenthaltes, bis man sich gegen den Thrangeruch abgestumpft hat."

Hammerfest (Hammer = Biegung des Weges, Kap; fest = Schiffsvertäuung) ist jetzt eine der bekanntesten Städte des Erdballes, weil sie die nördlichste ist; und ihre Lage ist sehr eindrucksvoll, obwohl von fern her die kleine graue Häusermasse nur schwer zu entdecken ist, da der Berg im Hintergrunde dieselbe Farbe hat. „Wie unendlich winzig," schreibt Wegener, „erscheint dieses Häuslein menschlicher Wohnungen in der gewaltigen Wildnis von Meer und Felsen, nicht größer als ein Schwalbennest zwischen den Pfeilern eines erhabenen Münsterbaues. Es hat fast etwas Rührendes, dieses kleine tapfere Leben zu sehen, das sich an solch einem weltverlorenen Orte festklemmt. Der Hafen bildet eine halbkreisförmige Bucht, die gegen die offene See durch Sorö gedeckt ist. Die Mehrzahl der Häuser liegt auf einer kleinen flachen Halbinsel am Südende der Bucht. Hier sind einige breite, rechtwinklig sich kreuzende Straßen, ein geräumiger Marktplatz mit einem Springbrunnen. In den Hafen hinaus springen geräumige Speicher, auf Pfählen errichtet, die Giebel dem Wasser zugekehrt und mit Kranen versehen. Hier lagern die Stockfische in luftigen Räumen, bis die Schiffe aus Rußland sie holen und Mehl dafür abladen. — Die gelbgrauen Häuser haben zwar etwas langweilig Uniformes, allein die breiten Fenster mit den blanken Spiegelscheiben, mit wertvollen Gardinen und hübschen Blumen verraten, daß Wohlstand und Geschmack dahinter wohnt. Hohe geräumige Zimmer werden elektrisch erleuchtet. Dem Deutschen Konsul ist es sogar gelungen, in einem Garten, der durch hohe Bretterwände gegen die Stürme geschützt ist, Ebereschen, Azaleen, Schneebeerensträuche und sogar ein zwei Fuß hohes Lärchenbäumchen zu ziehen. Dagegen gedeiht der Blumenflor noch recht gut." — Und damit auch die neuesten Verkehrsmittel nicht fehlen, so besitzt Hammerfest auch sein Telephonnetz in den Straßen. Leider ist der Ort im Jahre 1890 fast ganz abgebrannt, aber bereits wieder aus der Asche erstanden.

Nördlich von Hammerfest liegt die kleine Vorstadt Fuglnäs, ein klassischer Punkt für die Geschichte der Gradmessungen, denn am Ende der Landzunge erhebt sich zum Andenken daran die berühmte Meridiansäule (Abb. 115). Diese Gradmessung wurde von 1816—1852 durch skandinavische und russische Astronomen von Svistow an der unteren Donau bis nach Hammerfest ausgeführt, wobei dieser Ort den nördlichsten Punkt der Messungen bildete. Auf einem unpolierten Granitsockel erhebt sich eine runde polierte Granitsäule mit bronzenem Kapitäl und darauf eine Erdkugel.

Die Säule trägt folgende Inschrift in lateinischer Sprache und norwegischer Übersetzung:

Abb. 112. Hammerfest.

Abb. 113. Hornvik bei dem Nordkap.

Terminus septentrionalis, arcus meridiani 25°20′
quem inde ab Oceano arctico ad fluvium Danubium usque
per Norvegiam, Sueciam et Rossiam
jussu et auspiciis regia augustissimi
Oscari I.
et imperatorum augustissimorum
Alexandri I atque Nicolai I
annis MDCCCXVI ad MDCCCLII
continuo labore emensi sunt trium gentium geometrae.
Latitudo. 70°40′11′′3.

Die Oberleitung der großen Aufgabe hatte der berühmte Astronom Struve, der Direktor der russischen Sternwarte in Pulkowa.

Von Hammerfest an hört, nach Baedekers Ansicht, das Land auf, die Hauptsache zu sein; wer hier wohnt, thut es nur noch des Meeres wegen. Der Fisch beherrscht alle Interessen, die Landschaft nimmt den arktischen Charakter an, sie wird öde, oft unsäglich dürftig. Ein Fleckchen Gras, das man mit einer Nummer der Times bedecken könnte, gilt als Wiese.

Ähnlich urteilt Passarge: „Wenn man Hammerfest verläßt, fährt man gleichsam aus Europa hinaus. Die Höhen haben schon vorher ihren alpinen Charakter verloren, sie werden jetzt niedriger, einförmiger und fast ganz vegetationslos. Unabsehbare Plateaus bilden eine dem Horizonte parallele Linie, um als Vorgebirge meist senkrecht in das Meer zu stürzen.

Von solcher Gestalt ist auch das Nordkap. Aber selbst in diesen polaren Wüsteneien wagt der Mensch dauernd seinen Wohnsitz aufzuschlagen. Nahe dem Nordkap, genau unter 71° n. Br. liegt die kleine Insel Maasö. Dort steht eine Holzkirche, dort wohnt der Prediger, der Schulmeister, der Landhändler und der Lehnsmann, teils in Häusern, teils in Erdhütten. Meer und Himmel, Fjeld, Nebel und Regen sind hier eins. Die Sonne durchbricht diese Wolken fast nie, und nur für Augenblicke erscheint über den ewig schwingenden Wellen die hohe Küste von Magerö und der sonderbare Fels Stappen gegen das Nordkap hin, wie Geister, die im Nebel gleich wieder verschwinden. Manche Bewohner sterben am Skorbut."

Östlich von Maasö liegt die größere Insel Magerö mit dem Nordkap. Die Norweger wohnen hier in Erdhütten, die äußerlich mit Gras bewachsenen Hügeln gleichen, innerlich aber mehr wie ein gewöhnliches Bauernhaus aussehen. Das Wohnzimmer ist aus Balken gebaut, viereckig bis unters Dach, mit einer viereckigen Öffnung in der Mitte, die des Nachts mit einer ausgespannten Fischblase geschlossen wird und durch die am Tage das Licht hinein- und der Rauch herausfährt. In solchen Wohnungen merkt man von den Unbilden der Witterung nichts. Mehrere solcher Ansiedelungen liegen an der Küste; aber auch das Innere, so unfreundlich und öde es aussieht, wird doch als Renntierweide benutzt. Die Sommerzeit ist hier zu kurz, der eigentliche Sommer kommt erst Anfang August, dann steigt die Wärme auf 15° R. Sobald aber die Sonne bedeckt ist, fällt das Thermometer in der Nacht auf 6—8° R. Die Winter sind hier weniger der Kälte wegen, als wegen der Stürme gefürchtet, deren Wut über alle Beschreibung geht.

Als der nördlichste Vorsprung gilt der 295 m hohe Schieferfelsen des Nordkaps (Abb. 113 und 114), das tafelförmig vorspringt und steil ins Meer abstürzt. Die Felswände sind von Rissen und Rinnen durchfurcht, aus denen Geröll und Blöcke bis ans Meer hinabgestürzt sind, über die das Seewasser brandet und schäumt. Hier und da sind Spuren von Vegetation zu erkennen; aber oben auf der freien Hochfläche findet man viel blühende Kräuter. Tausende von Möven und anderen Seevögeln umschwärmen die dunklen Klippen. Je nach der Richtung des Windes landet man, wenn man das Kap besteigen will, in einer kleinen Bucht entweder auf der Ost- oder auf der Westseite; und von der Landungsbrücke aus steigt man auf einem schmalen, schlüpfrigen Wege im Zickzack durch eine grün bewachsene Schlucht in einer halben Stunde an einem sichernden Seile steil zur Höhe hinauf. Nahe am äußersten Vorsprunge steht eine hölzerne Bude, wo die Reisenden die Zeit der Mitternachtssonne abwarten und wo der Wärter im Sommer auch Champagner, die Flasche zu 13½ Mark verkauft (!). König Oskar hat am 2. Juli 1873 und Kaiser Wilhelm II. am 22. Juli 1891 das Nordkap besucht.

Östlich vom Nordkap öffnet sich der Porsangerfjord, der 120 km lang und 20 km breit ist. Anfangs ist an den Ufern des Fjordes der Pflanzenwuchs spärlich, daher auch wenig Ansiedelungen; je weiter man nach Süden vordringt, desto reicher wird die Vegetation. In den inneren Fjord münden mehrere Flüsse, darunter die Lazelv.

Kürzer, aber ähnlich beschaffen sind der Laxefjord und Tanafjord, mit ziemlich unbedeutenden Landschaften. Die Tanaelv,

Abb. 114. Das Nordkap, mit Mitternachtssonne.

der mächtigste und längste Fluß des Nordens, bildet fast in seinem ganzen Laufe die Grenze gegen das russische Finnland.

Der Varangerfjord, der letzte Fjord, öffnet sich unter 70° n. Br. nach Osten. Vor seinem Ausgange liegt an der Nordseite auf einer Insel die Grenzfestung Vardöhus, fast so nördlich als Hammerfest, nämlich unter 70° 22′ n. Br., und das Städtchen Vardö, mit 2500 Einwohnern, während die Festung nur 16 Mann Besatzung hat. Der Ort wurde schon 1307 angelegt, als Grenzwache des Landes. Die Häuser sind mit Rasen gedeckt, in den kleinen Gärten kann man noch etwas Gemüse ziehen. Am Fjord selbst gedeihen noch Laub- und Nadelbäume: Kiefern, Fichten, Birken, Pappeln und Erlen. Die Bewohner treiben den ergiebigsten Fischfang im ganzen Norden. Von Vardö aus trat Nansen am 21. Juli 1893 seine erfolgreiche Nordfahrt an und kehrte hierher am 13. August 1896 glücklich wieder zurück.

Der entlegenste größere Ort Norwegens ist Vadsö, an der der Sonne zugewendeten Nordseite des Varangerfjordes. Das Städtchen liegt unter 70° 4′ n. Br. und zählt 2000 Einwohner.

Vom Nordkap bis hierher braucht das Dampfschiff noch 16—20 Stunden, und man sieht auf der ganzen Fahrt nur flache, kahle Felsen, hier und da, aber selten mit Fischerhütten am Strand. Dahinter dehnen sich ungeheure Hochflächen, einsame Fels-, Moos- und Graswüsten aus.

Vadsö (d. h. Wasserinsel) lag ursprünglich auf einer kleinen Felsinsel, südlich vor der Stadt, daher der Name; der Hafen wird durch diese Insel gesichert. Die Umgebung ist durchaus arktisch. „Ohne Baum und Strauch, gleichsam nackt, liegt das Weichbild in der öden, flachwelligen Felslandschaft; die mit dichtem Gras bewachsenen Hausdächer heben sich kaum von der graugrünen Fläche des Hintergrundes los. Im Inneren finden wir breite, aber wenig gepflegte Straßen mit niedrigen Holzhäusern, die zum Teil recht ärmlich aussehen" (G. Wegener). Hier wohnt der Amtmann von Finmarken. Der Verkehr mit dem nahen Rußland, dessen Küste man sehen kann, ist sehr lebhaft; denn auch hier schließt der Winterfrost den Hafen nicht. Fischfang und Fischhandel bilden auch hier das Hauptgewerbe. Finnen, Lappen und Norweger bilden die Bevölkerung. Die politische Grenze zwischen Norwegen und Rußland ist auf der Südseite des Varangerfjordes erst 1834 endgültig festgelegt. Die Grenze bildet die Jacobselv.

Abb. 115. Meridiansäule bei Hammerfest.
Nach einer Photographie von Wilh. Treefen in Flensburg.

Politische Einteilung Norwegens und Bevölkerung.

Ämter	Größe in qkm	Bevölkerung nach der Zählung von 1891	auf 1 qkm
Akerhus	5321	100427	19
Bergen	14	52803	—
Bergenhus, Nordre	18472	87839	5
Bergenhus, Söndre	15607	127678	8
Bratsberg	15189	91410	6
Buskerud	14997	105203	7
Finmarken	47385	29341	0,6
Hedemarken	27508	120386	4
Jarlsberg und Laurwik	2321	97715	42
Kristiania	17	148213	—
Kristiansamt	25362	108579	4
Lister u. Mandal	7264	76213	10
Nedenäs	9348	77352	8
Nordland	37599	132447	3
Romsdal	14960	127663	8
Smaalenene	4143	120864	7
Stavanger	9147	114223	12
Tromsö	26246	65009	2
Trondhjem, Nordre	22768	81529	3
Trondhjem, Söndre	18606	123750	29
	322304	1988674	6

Erklärung norwegischer Ausdrücke.

A = Fluß.
Aas = langgedehnte niedrige Hügel.
Brae = Gletscher, eigentlich Breite.
Bukke = kleiner Hügel.
Egg = scharfer Grat, Schneide.
Eid = Landenge.
Elv = Fluß.
Fjeld = Hochgebirge.
Fond = Eisberg.
Fos, Fors = Wasserfall.
Hammer = hervorspringendes felsiges Kap am Meere, Biegung des Weges.
Hat = Hut.
Hav = Meer.
Hei = weit sichtbare Höhe.
Holm = hohe, felsige Insel.

Hül = Bach.
Jadar, Jaederen = Küstenebene.
Kullen = einzeln hervorragender Kopf.
Lille = klein.
Möre = Küstenstrich, davon Nordmöre und Söndmöre.
Naes = Vorgebirge.
Ö = Insel.
Skred = Felsen- und Schneelawinen.
Sjö = See.
Stor = groß.
Tind = Spitze, Horn.
Vaer = flache Insel.
Vand = ein See.
Vig = Seebucht.

Litteratur über Norwegen.

K. Baedeker, Schweden und Norwegen nebst den wichtigsten Reiserouten durch Dänemark. 7. Aufl. Leipzig, 1898.
L. von Buch, Reise durch Norwegen und Lappland. Berlin, 1810. 2 Bde.
P. Dass, Die Trompete des Nordlands. Deutsch von L. Passarge. Gotha, 1899.
Th. Fischer, Norwegen, ein geographisches Charakterbild (Frommel und Pfaff, Sammlung von Vorträgen. XII, 2) Heidelberg, 1884.
Th. Forester, Norwegen und sein Volk. Aus dem Englischen von W. B. Lindau. Dresden, 1852.
P. Güßfeldt, Kaiser Wilhelms II. Reisen nach Norwegen 1889—1892. Zweite Aufl. Berlin, 1892.
A. Helland, Romsdalen. Kristiania, 1895.
— — Lofoten og Vesteraalen, Kristiania, 1897.
C. Magnus, Verkehrswege und Verkehrsformen in Norwegen (Hettner, Geogr. Zeitschrift, 1898).
O. Magnus, Historia de gentibus septentr. Antwerpen, 1558.
F. Nansen, In Nacht und Eis. Leipzig, 1897.
L. Passarge, Drei Sommer in Norwegen. Leipzig, 1881.
— — 2. Aufl.: Sommerfahrten in Norwegen. 2 Bde. 1884.
E. Richter, Aus Norwegen (Zeitschrift des deutsch-österr. Alpenvereins, 1896).
— — Geomorphologische Beobachtungen aus Norwegen (Sitzungsbericht der Kaiserlichen Akademie der Wissenschaften in Wien. Math.-naturw. Klasse CV. Jahrg. 1896).
G. Schott, Die Hydrographie der skandinavischen Gewässer in ihrer Bedeutung für die Fischerei (Globus LXX, Nr. 21).
G. Storm, Studier over Vinlandsreiserne. Kopenhagen, 1888.
— — Om opdagelsen af Nordkap (Norske geogr. selsk. aarbog V). Kristiania, 1894.
— — Venetianerne paa Röst i 1432 (ebenda VIII.). Kristiania 1897.
C. Vogt, Nordfahrt. Frankfurt a M., 1863.
A. Vibe, Küsten und Meere Norwegens (Petermann, Geographische Mitteilungen. Ergänzungsheft I. 1860).
G. Wegener, Zum ewigen Eise. Berlin, 1897.
— — Die Walfischstation Skaarö (Tägl. Rundschau, 11. November 1896).

www.ingramcontent.com/pod-product-compliance
Lightning Source LLC
Chambersburg PA
CBHW020056170426
43199CB00009B/302